ファインドスターグループ物語

世界で一番起業家とベンチャー企業を創出する。

ファインドスター代表取締役社長
内藤真一郎＋ファインドスターグループ代表

山中企画

はじめに

ファインドスターグループ（以下ＦＳＧ）は起業家がつくった企業だけのグループです。

親会社・子会社や、雇われ社長という概念はありません。すべてのグループ会社が、起業家が創った会社です。多分、世界では唯一の企業グループだと思います。

どうして起業家だけの企業グループを創ろうと思ったのか。

僕は生まれ変わっても起業家になりたいと思っています。最愛の息子にもできれば将来、起業家になって欲しいと願ってます。日ごろ家にいないことが多いせいか、「やだ！　サラリーマンになる！」と言われてますが。（笑）

起業家という生き方は、個人的にもすごくやりがいがありますし、社会的意義も大きい、最高の仕事だと思っています。

起業家の友人・知人と飲むと、いつも将来の夢ばかり話しています。40代にもなって、いまだ仕事の夢が語れることは本当に幸せなことだと思っています。

社会的にも、人口減少の日本にとって新しい市場を創ることは、急務です。新しい市場を創るのが起業家すなわちベンチャー企業です。

一人でも多くの人に、この素晴らしい生き方を知って欲しいです。

実際、日本では起業家が少ないのが現実です。

起業の成功率が低いのと、銀行の借金の個人保証などの関係で復活が難しいということがあるからでしょう。

起業の成功率を上げることと、失敗したときのセーフティーネットがあれば、より起業家が増えると思い考えたのが、このグループの形態でした。

起業の成功率を上げる大きな要因として、顧客開拓があります。顧客がいなければ売上がたたないので、会社は潰れてしまいます。逆をいえば　顧客さえあれば、成功の確率がぐんと上がります。

ＦＳＧでは基本新規事業を立ち上げるときは、なるべくグループ内の顧客・取引先を起点としています。

これは取引があるところのほうが、お客さんの真のニーズが聞きやすいということと、顧客になりやすいということがあります。

また顧客だけではなく人・モノ・金・情報を共有することでシナジーも大きく、機動的に経営ができます。

起業家が身近にいることも、起業文化を創る上で大事だと思っています。オリンピック選手も幼少期にオリンピック選手が周りにいたことが大きいと聞いてます。

うちのグループでは、この前まで一緒に仕事をしていた仲間が普通に起業をしていきます。それがもっともっと身近になることで、ビジョンの達成が近いと確信しています。

「世界で一番、起業家・ベンチャー企業を創出する」をグループビジョンにかかげ、2022年までに200人の起業家、グループ企業100社を目標としています。

この本をお読みになられた方が、少しでも起業やベンチャー企業に興味をもっていただければ望外の喜びです。

世界で一番起業家とベンチャー企業を創出する。＊目次

第一章　学生時代、就職、転職、起業

■受験

学生時代、何をやっても失敗ばかりで「自分はなんて運がついてないいんだろう」といつも思っていました。そんなときにある言葉と出会って救われました。

「偉人ほど物事がうまくいかない」

そうか自分は偉人だったんだ！　だから何をやってもうまくいかないのか！　勘違いもここまでくると笑ってしまいますが、当時は本当にそう思っていました。

そこから少しづつですが、前向きに失敗をとらえられるようになっていきました。ソフトバンクの孫さんも、お父さんから「お前は天才だ！」と言い続けられ、本当にそう思うようになったとおっしゃってましたので、思い込みでもいいので自分に自信を持つことは大事だと思います。失敗についても、ユニクロの柳井さんが『一勝九敗』という本を出していますが、これを僕なりにいえば一勝十九敗でしょうか。

まず最初の大きな失敗は「受験」でした。高校入試でもかろうじてすべり止め一つだけ受かり、大学受験は全敗でした。同じクラスに同じく落ちこぼれてビリを競っていた級友がいて、彼も当然全敗かと思っていたら、なんと一校受かっていました。日本大学の農獣医学部（現・生物資源科学部）という学部でした。

高校のクラスは「私立文系コース」でしたので、「なんで理系なの？」と聞くと「よく調べてみると文系でも受けられる学科もあって、倍率も低い完全に穴場の学部だよ」とのこと。農獣医学部という理系っぽい学部のため、文系志望の学生が見落としていたのでしょう。おかげで一浪して合格し、無事大学生になれました。

「起業」や「ベンチャー企業への入社」も、同じだと思っています。日本ではメディアの影響からか、倒産などの「危険」なイメージが先行して、優秀な人が諸外国と比べてあまり入ってきません。その分競争が少ないといえます。

以前、一部上場企業の創業者にお話を聞く機会があったときに「イメージが悪くて大きな市場で起業すると決めていた。僕のような（大手財閥系商社出身）優秀な人材は、入ってこないからね」とのこと。**人があまりやらないことのほうがチャンスが大きい**ことを、このときに何となく感じました。

■大学時代

大学に入った時代は、バブルがちょうど始まりだしたころでした。大学に行くと、ベンツやBMWなどの高級外車に乗ってる学生がいたのには、びっくりしました。アルバイト先のレンタルビデオ店のオーナーも昔風にいえば青年実業家で、若くして外車を乗り回し、よく六本木の高級飲食店などに、連れていってもらいました。実家が経済的には普通だったので、こういった人たちとの出会いで、お金持ちに強くあこがれるようになりました。外車に乗って羽振りのいい人たちが女性にもてたのも　あこがれた大きな要因のひとつかもしれません。

学生時代は本の虫でした。特に好きだったのが起業家の本で、東急グループ創業者の五島慶太さんや、西武グループの堤康次郎さん、セゾングループの堤清二さんの本などは大のお気に入りで、何度も何度も読み返していました。特にグループ会社をどんどん創っていく起業家に、強く魅かれていました。次々といろんな市場を開拓していく様が、戦国時代の領地拡大をしている武将のようで「こんなふうに将来なりたい！」と強く思うようになり、お金持ちへの憧れとあいまって、起業を決意していました。

大学時代は浪人時代の友人の渡辺陽一（陽ちゃん）と、イベント系企画サークルを創りました。サークル名は「クラブ・スミス」という、意味不明の名前でした。六本木のディスコやクラブを日曜の昼間に借りてパーティーや、バスを貸切にしてスキーやテニス合宿を企画したりしていました。

当時はこういった企画系サークルが乱立していて、パーティー券を売るのも一苦労でしたが、不思議と僕は売ることに苦労しませんでした。飲み会で盛り上げるのが得意だったので、まず飲み会に人脈がたくさんありそうな人を呼んで、そこで気に入ってもらえればパーティー券を数枚から人によっては数十枚も買ってくれました。

なるべく飲み会のように**敷居の低いところで顧客接点**を持ち、そこで顧客満足度を上げて、そのあとにパーティー券の大量販売のように大きな商売につなげていくことが、販売に大きく寄与していたと思います。パーティーもその頃のほとんどが企画といえばビンゴゲームだけでしたが、うちのサークルでは当時はやっていた「ねるとん」(初めて会った男女が、番組中に告白するとんねるずのテレビ番組)など、来た人がまた来たくなるような企画をたくさんやっていました。こうすることで1回買ってくれた人が、次はもっとたくさん買ってくれる好循環をつくれたと思います。サークルにしてもパーティーにしても、**「自分が創ったもので人が喜ぶ」**ことが、自分の一番のモチベーションだと教えてもらえた貴重な経験でした。

■学生営業マン

大学に入った当初から学歴コンプレックスが強く、就職は負けないようにしないと、と強く思っていました。人よりも早く社会に出ることが就職に有利と考え、1・2年次で単位をほとんど取って（オールCでしたが）、3年次は働こうと決めていました。

当時新聞では毎日リクルート事件の報道一色で、一年中トップ記事がそうだった記憶があります。そんななか起業家志向の社員も多く、大学生でも社員なみに働いているという記事を見て、リクルートで週4日、契約社員として入社しました。仕事内容は営業で、企業に対して新卒向けの求人広告である『リクルートブック』、今の『リクナビ』の広告取りでした。パーティー券をたくさん売った持ち前の営業力（口のうまさ）で、ある程度は僕でも売れるだろうと自信満々でしたが、結果は全く売れませんでした。4ヶ月で売上0円。友人・知人にパーティー券を売るのと、取引のない企業に広告を売るのでは、あたり前ですが百倍くらい難易度が違いました。難易度が高いにもかかわらず、先輩社員にもあまり頼らず自分ひとりで売ろうとしていましたから、売れるわけがありません。

起業も一緒で、ほとんど誰にも相談せずにやって、廃業・倒産した人を見てきました。会社の中でやるのと、起業して何もないところでやるのとでは、百倍も千倍も難易度が違います。起業して会社が苦しいときに、EOという世界的な起業家の会に入会しました。8人ぐらいのフォーラムという小集団で、毎月お互いの経営課題を相談する場があり、皆、立場が同じだったので似たような経験をしていて、そこでの経験シェアが本当に役に立ちました。このような経験からうちのグループや、FSG出身の起業家で、それぞれフォーラムをつくって定期的に集まっています。そうすることで、少しでも起業の成功率が上がればと思っています。

後日談としては、4ヶ月めの営業として最後の日に（次の日からは広告原稿の運び屋でした）、50万円の仕事をいただきました。最後に少し結果が出た嬉しさもありましたが、自分のもらった給料を考えると完全に赤字社員でしたので、悔しさと申し訳ない気持ちのほうがいっぱいの職種変更でした。

■就職活動

就職は将来起業に役立つところと決めていて、下記のポイントで企業探しをしていました。

・何で起業するかの情報収集のために　全業種と接点があるところ。
・若いうちに大きな権限がもらえる可能性の高い、成長企業。
・マネジメントを覚えるために、20代で管理職になれるところ。
・新規営業力が、身につくところ。

成長企業をどうやって見つけるか？　個々の企業を見るよりも、市場そのものが伸びているところから探したほうが成長企業にあたる確率が高いと思い、市場から探しました。リクルートで新卒採用の部署で働いていて、「産業構造も大きく変化するにともない、雇用の流動化が大きく進むので、新卒よりも中途採用や派遣市場のほうが大きくなるな」と考えました。全業種に接点をもってるという観点でも合っているので、人材派遣や中途採用に特化しているところを中心に周りました。

結果、当時人材派遣で1位のパソナ、2位のテンプスタッフ、中途市場の1位のリクルート人材センター（現リクルートキャリア）から内定をいただきました。今では3社とも大企業ですが当時は中堅企業でしたので、受ける学生が少なかったのも内定をもらえた要因だと思います。未来の大企業に入ることで、出世の確率は今の大企業よりもずっと高くなります。現に僕の同期は世の中一般には3割しか管理職になれないといわれているところを、ほとんどが管理職になっています。まさに未来の大企業に入った、大きなメリットのひとつです。

社会が今後どうなっていくのか？　将来の大市場から必ず未来の大企業が生まれます。

今後大きくなる市場としては、ぱっと思いつく限りでもいくつかあります。

- **元気な高齢者**
- **日本に来る外国人観光客**
- **単身世帯や共働き世帯**
- **海外進出する企業と海外で働く日本人**

この大きくなる市場で、どんなビジネスが大きくなるのか。そこから企業を探していって、現在ポジショニングが上位のところを狙っていってもいいかも知れません。専業主婦が減り共働き世帯が増えれば、間違いなく海外のように、家事のアウトソーシングが主流になります。海外で働く日本人も、あと10年で5倍以上になるのではないでしょうか。すでにそこを市場とした会社を探せば、いくつか出てきます。就職の目的にもよりますが、「成長」「起業」が目的であれば、間違いなく将来の大企業になる可能性の高いところへ行くことをおすすめします。

■リクルート人材センター

就職は人材紹介事業の、リクルート人材センター（以下ＲＪＣ）に入社しました。入社は１９９１年４月、まだバブルの余韻が残っていた頃でしたが、入社した途端にバブルは崩壊、極度の業績不振で、リストラにつぐリストラで入社当時３００人ぐらいいた社員が、３年で半分以下となりました。ただ業績不振は、バブル崩壊だけが理由ではありませんでした。

当時のＲＪＣのサービスは、今のように紹介した転職者が入社をしたら、その転職者の年収の30％を紹介料として成功報酬でもらうというのではなく、転職者を紹介する前に７８０万円を前金でもらえれば、人材を紹介するかも（紹介できないこともある）という、自分で売っていて何ですが、非常に怪しい商品でした。人手不足のバブル時代だから通用したようなものの、崩壊後はなかなか売れません。ライバル会社は皆今の主流である成功報酬でしたが、「売れないのを景気のせいにするな！」といってＲＪＣはずっと前金のままでした。変化についていけないと、例えトップ企業であってもこんなに脆くも会社が危機になるのかと、身をもって体験したことは本当に財産です。

学生時代にリクルートで営業として働いていたこともあって、営業成績はわりとよかったほうで、同期では最初に昇格しました。バブル崩壊で不況に入り、会社をあげて新規開拓に取り組んだ時期でもありました。今でも持論ですが、新規開拓に営業力

リクルート人材センター時代。右端が僕。左から２番目が上司の小林光夫さん。

はいらないと思っています。大事なのはリストアップ（見込み客のリストづくり）とタイミングです。自分なりにいろいろ仮説をたててリストアップし、それを定期的にアプローチするだけで、結構新規開拓ができました。

僕が美味しい思いをしたのが、エンジニアリング業界（化学・半導体などの工場をつくる会社）でした。新卒当時は横浜営業所に配属で、横浜の大企業に日揮という会社がありました。正直聞いたことがない会社でしたが、調べてみるとエンジニアリングという業界でした。バブル時、理系の学生が金融業界にたくさん流れた関係で、理系学生に認知度の低い業界は新卒採用に苦戦していました。バブル崩壊にともない、金融に就職した理系の学生の転職相談の登録も増えていて、この両者を結びつけたらいけるかも！　と思いエンジニアリング会社をリストアップし営業をかけたところ、まさにニーズにはまって前金でも結構受注できました。この経験から、新規開拓はリストアップが重要だと思っています。

ＲＪＣには3年半お世話になりました。やめたきっかけは20代で管理職になるという目標が、度重なる会社のリストラで「無い」と当時の上司の小林光夫さんにはっきりいわれたことです。「ではやめます」といってやめました。今思うと自分勝手な理由で非常に恥ずかしいことですが。転職先は、リクルートでアルバイトしていたときの同僚がつくったベンチャー企業でした。悩んでいるときに声をかけてもらったのと、経営者の近くで仕事ができるという非常に安易な理由で選びました。

■転職・倒産

転職先はお店や住居などのリフォームや、イベントの運営施工をする会社でした。作業着姿でトラックに乗って現場に行き、リフォームする家の壁をはがしたり、内装を壊したりしました。その残材をトラックに積んで、産業廃棄物処理場まで運ぶのです。何より一番つらかったのが、仕事場が新宿の高層ビルからゴミのたくさん出る工事現場に変わったことではなく、肉体労働が全く向いてなく、トラックの運転も出来ない、足手まといになってしまうことでした。**人は「誰かの役に立っている」ことが幸せな状態**なのだと、あらためて気付かされました。産業廃棄物処理場に行くと、たくさんの求人のチラシが貼ってあります。バブルが崩壊して景気が悪いのに、「月給50万以上」とかなり好条件です。**「仕事は選ばなければ、好条件の求人がある」**ということを知ったのは、大きかったです。起業して失敗しても、貧乏にならないことがわかったからです。

リフォーム会社は、転職して1年後に倒産しました。直接の原因は、阪神淡路大震災で被災した某大手カフェチェーンの内装工事を請け負って、大きな赤字を出したことでした。今振り返っても、今までで一番大変な仕事でした。もともと取引していた工事会社が納期が厳しくて逃げ出した案件で、素人の僕が単身乗り込み、土地勘も全くなく、ただでさえ被災後で工事会社がなかなか見つからない中での仕事でした。致命的だったのは、先方のオーナーからのトップダウンの案件でしたので、担当者が非協力的だったことです。

担当者にはいじめられていました。おまけに会社の資金繰りも悪化していて、今でも最後までよく逃げなかったと思います。この経験のおかげで、多少困難な状況でも楽観的になれるのは、大きな収穫でした。当時の社長がかなりの人脈を持っていて、大企業を中心に仕事をバンバン取ってきていましたが、会社の実態は僕のように素人集団だったので、取ってきた仕事がかたっぱしからクレームの嵐で、大きな赤字を何件もかかえていたのです。**営業力があっても顧客満足がなければ潰れてしまう**ということは、営業力さえあれば会社はなんとかなると思っていた自分にとっては、大きな気づきでした。

会社が倒産したので労働債権者として、債権者会議にも出席しました。弁護士のもと、債権者会議も「マグロ漁船に乗ってでも返済しろ」とかなり過激な発言もありましたが、ものの一時間ぐらいで終わりました。倒産すると一家離散で首吊り自殺する社長もいるので、少し拍子抜けしてしまいました。なんとこの社長、その後見事に復活して数年後に再会したときは、上場企業の社長になっていました。

最近も友人の社長が会社を潰し、自己破産しました。しかし周りの援助ですっかり復活し、今では潰した会社よりも利益が出ています。**倒産で命まで取られることもなければ、復活もできます。**人に大きな迷惑をかけるので、倒産しないほうがいいにきまっていますが、最悪そうなってもまたチャレンジできることがわかったのは、本当に大きな気づきでした。復活できない人は会社が厳しい局面で、その場その場をごまかし、逃げた人たちです。**厳しいときに大きな迷惑をかけたとしても、逃げずに真摯に対応すれば、必ずまた助けてくれます。絶対に逃げないことが、大事です。**復活した友人、逃げた友人を見てあらためて思いました。

■起業

倒産後また転職するよりも、これもいいきっかけと思い起業をすることにしました。学生時代に企画系サークル「クラブ・スミス」を一緒に創った、浪人のときの友人陽ちゃんとです。陽ちゃんは僕の縁で、同じリフォーム会社に転職していました。お互い無職になったのもあり、学生時代からの夢を一緒に実現することにしたのです。ちょうどオフィスもすごい偶然ですが、陽ちゃんの自宅の一部を借りていた会社が出ていった後で、そこを無料で借りられるというラッキーもありました。

特にやることとは決まっていませんでしたが、リフォーム会社のときの元同僚の河村さんに、仕事をいくつかもらいました。競馬予想雑誌を場外馬券場で売ったり、タカラのリカちゃんのイベントなど、何でもやっていました。お互い自宅なので食べていけるだけの仕事はかろうじてありましたが、なかなか先が見えない状況で余裕もなく、ビジネスに対する考え方も違い、いつしか会話も減り、心の距離が開くようになってしまいました。

よく友人と会社をやってはいけないといいますが、友人と会社をやってはいけないのではなく、友人関係を会社での関係にまで持ち込むから、うまくいかないのだと思います。どんな組織もツートップではうまくいかないので、トップの決めたことに従うことができない関係であれば、やめたほうが賢明でしょう。

結局陽ちゃんとは僕が別の会社を起業することで、別れることになりました。学生時代も転職先も一緒だったぐらい仲が良かったのですが、共同経営で失敗してからは、普通に会えるまで長い年月が必要でした。今では笑って当時の話ができる関係にまで戻りましたが、二度としたくない経験です。一緒に起業した会社「ペルソン」は、今ではインターネットで講演の講師を派遣する「講演依頼ドットコム」というサイトで、業界最大手にまで成長しています。

■ラインチェンジャー

リクルートの求人媒体を売ったり、広告・制作まわりの仕事をしていましたが、ペルソン時代に一番苦労したのが、商品に差別化がなく、新規でお客さんに売り込むのが大変だったことでした。何か自分たちの独自の商品・サービスを売りたい、と強く思っていたときに出会ったのが、ファインドスターの最初の事業である「ラインチェンジャー」でした。

きっかけはリフォーム会社の元同僚の林君（現リモデルプラス社長）からの紹介でした。「高校時代の友人が何か商品を開発したけれど、勤めている会社が倒産してしまって、その商品を一緒にやってくれる人を探しているみたいだけど　興味ある？」リモデルプラスは、もともと倒産した会社のグループ会社として設立した会社です。最初は僕が社長で林君がNo・2でした。産業廃棄物処理や解体をメインとした事業をしていました。現場仕事がメインでほとんど貢献できなかったので、前記のカフェの案件があったのをいいことに、僕は社長にもかかわらず逃げるように抜けてしまいました。その後の苦労は身から出たさびですね。今では業態転換をして、高級外車のガラスコーティングで大手外車ディーラーの指定業者にまで成長しています。リモデルプラス・ペルソンは創業時だけしかかかわっていないですが、20年以上続いているのはすごく誇らしいです。

ラインチェンジャーとは、会社やホテルの電話機でインターネット接続ができる通信アダプターです。１９９７年当時、ネット接続は、電話回線でした。モデムからの「ピーヒャラヒャラ」という音を覚えている方も多いのではないでしょうか。会社の電話機はビジネスホンと呼ばれるもので、モジュラージャックの形こそ一緒でしたが、規格が違うためにモデムをつないでもネット接続できなかったのです。最初に聞いたときに「これはイケる！」と確信しました。僕自身が会社のビジネスホンでネット接続できなくて、困っていたからです。当時、会社でインターネットを使うとすれば、単独で電話回線を引くかＦＡＸの回線に接続するしかありませんでした。電話回線も当時は７万円ぐらい加入するだけでかかるので、簡単には引けません。ＦＡＸ回線だとネット接続中にＦＡＸが使えないので、非常に不便でした。

■ベッコアメ　楽天市場　ＴＩＺＯＮＥ

一番最初に製造した５００台は、ひょんなことで完売しました。前職のリフォーム会社で知り合った、内装工事のナティックス赤石社長からの紹介でした。赤石社長には、オフィスも間借りさせてもらっていました。創業時は、なるべくオフィスの間借りをお薦めしています。情報・人脈がビジネスでは本当に大事なので、その可能性を広げる意味で間借りは効果絶大です。

紹介をもらったのは、プロバイダーの草分けともいえる「ベッコアメ」と関係が深かった元リクルートのプレステージ中川社長でした。「ベッコアメ」には5万人の会員がいてその人たち向けの会員誌も出しているとのことで、ラインチェンジャーの広告のチラシを入れてもらえることになりました。資本金は初期の製造で使ってしまっていて広告費はお支払いできなかったので、成功報酬で受けてもらいました。

広告の効果は抜群でした。すぐに在庫の５００台が完売でした。１台一万円で

500万円の売上です。もう少し高く売れればよかったとすでに欲も出ていました。

後にテレビ、ラジオ、新聞、雑誌などのマスメディアとは別の、コアなターゲットに向けて発信する「ニッチメディア」を活用するビジネスを手掛けることになりますが、その最初の出会いが、この体験でした。ニッチメディアの可能性を深く感じた瞬間でもありました。次なる売り場をもとめて、ちょうどインプレス社のインターネットマガジンが創刊したばかりで巻末にプロバイダー会社の一覧が出ていたので、一社ずつ電話して会員に告知する手段がないか、あるのであればそこに広告を出したいと交渉しました。「Ｓｏ－ｎｅｔ」「ニフティ」などの大手プロバイダーもこの頃に会員誌に広告を出したいという依頼がなかったので、わざわざ広告枠をつくってもらい格安で出稿させてもらいました。

楽天市場にも出店しました。まだ楽天市場がスタートする直前で、証券会社が発行している機関紙で楽天市場の記事を見つけて、すぐに連絡をとりました。楽天市場は13店舗でスタートしたのは有名な話ですが、そのうちの一店舗は、ラインチェンジャーのショップでした。三木谷社長がうちの間借りしているオフィスに、ご挨拶に来られたこともありました。
楽天市場に出店して一番のメリットが、管理画面からどんなキーワードでうちのショップに来ているかがわかることでした。そこで意外なキーワードが出てきました。「ホームテレホン」です。「ビジネスホン」対応の製品でしたが、ビジネスホンが自宅にあれば呼び名が「ホームテレホン」になるだけなのですが、全く想定していないニーズでした。そこでヤフーに登録しているサイトにも「ホームテレホン」のワードを追加すると、その関連の引き合いが増えていきました。自分が想定していないニーズを発見する面白さがありました。

雑誌にもたくさんのリリースを送り『インターネットマガジン』『日経ネットナビ』をはじめ、各誌が取り上げてくれるようになり、そこからもたくさんの引き合いをもらいました。とにかくお金がなかったので、ありとあらゆる低コストでできることを探してきては、やっていました。ただ大型量販店は、店頭での実績がないということで全く置いてもらえませんでした。

ようやく当時パソコンショップ大手の一つだった「T－ZONE」の購買部長に会うことができ、「とりあえず試験的に一ヶ月、置いてあげよう」と言ってくれました。「T－ZONE」にたどりついたのも、きっかけはナティックス赤石社長でした。赤石社長の友人の上司の大学時代の友人という、かなりかなり遠い人脈からです。外資系大手コンピューターメーカーの「コンパック」（後にHPが買収）村井社長を紹介してもらったところ、「キミたちみたいな若いベンチャーは応援するよ！」とすぐに数人の「役立ちそうな人」を紹介していただきました。その中の一人が「T－ZONE」の購買部長だったのです。他にもソフトバンクの副社長の宮内さんも、この時にご紹介いただきました。宮内さんに村井さんの紹介でといってお電話すると、「それ面白いね！すぐに担当に言っておくから」と担当者をご紹介いただきましたが、「インターネット？　パソコン通信と何が違うの？」と言われ、全く相手にされなかったのは良い思い出です。**人脈はどこでつながるかわからない**のを学んだ非常にいい機会でもありました。

「T－ZONE」での販売は、他店舗への足がかりとして絶対に成功しなくてはいけません。

店頭での販売実績をあげるために、発売に合わせて『日経パソコン』などの専門誌にも数誌広告を出稿しました。それまで電話で受けていた注文も関東の方であれば、「秋葉原のT－ZONE本店でのみ販売しております」といって、送客しました。

おかげさまで一ヶ月のテスト販売で実績が出たので、常時販売してくれることになりました。その実績をもとに当時日本Ｎｏ．1店舗である秋葉原のラオックス　ザ・コンピューター館（通称ザ・コン）に行くと、すんなり置いてもらえました。ザ・コンに置いてあるという実績で、あとは全国の量販店にはすんなり導入してもらえました。Ｎｏ．1と取引する重要性を、身を持って体験できました。

ラインチェンジャーを店頭で売ることで　いくつか大きな出会いがありました。

「店頭で御社の製品を見かけました。素晴らしい商品ですね。ぜひうちの情報誌に無料で掲載しませんか」「無料？　それはいい話なので、ぜひ！」

この怪しい電話をしてきたのが、今のうちのグループ会社の代表である佐竹くんです。

ラインチェンジャーを売っていて、一番の思い出がお礼の手紙やメールをたくさんいただいたことでした。「この商品と知り合うまでは、ホテルでインターネットが使えなくて困っていました」「これが使えて、会社でネットができるようになりました」「周りの目を気にしてＦＡＸ回線を拝借しなくてよくなった。本当にありがとう！」わざわざ「お礼がいいたくて」と、会社にいらっしゃったお客さんもいました。正直、間借りしている狭いオフィスで、あまり来て欲しくありませんでしたが（笑）。来たお客さんも間借りした狭いオフィスに、少し引いていました。

「これまでにない、困ってるを解決する商品は非常に感謝される！」これは本当に大きな気づきでした。これがビジネスを進めて行く上での大きな原点となりました。かつライバルもいないので適正なマージンも得られ、まさにＷＩＮＷＩＮです。

■シリーズ化

その後ラインチェンジャーは、シリーズ化していきました。きっかけはクレームの電話です。「ＡＣ電源だと周りにコンセントが少ないので困る！」そのクレームを受けて開発したのが、電源がいらなくて小型化したラインチェンジャー・モバイルでした。「電話会議の機械で使えない」（箱にはパソコン専用と書いてありましたが）に対応して開発したのが、ラインチェンジャー・プロです。「海外で使えない」（箱には国内仕様と書いてありましたが）に対応して開発したのがラインチェンジャー・ワールドでした。**常に新商品のヒントはお客様のクレームでした。**お客さんの声の重要性に気付かされた貴重な体験でした。

シリーズ化にあたって、売り方・商品開発もいろいろ工夫しました。参考にしたのが、ある「年賀状ソフト」の売り方です。その「年賀状ソフト」は店頭でお買い上げいただいたユーザーに、サポート登録を促していました。そして翌年の年末になると、登録者には特別先行販売キャンペーンと称して、翌年度のバージョンを直販するのです。年賀状ソフトは当時は毎年買うものだったので、新規ユーザーを店頭で獲得し、リピートは通販という売り方でした。

これを応用してラインチェンジャーの新商品開発のテストを、試作機ができるたびに登録ユーザーおよび通販でお買い上げいただいたお客様に、「テストにご協力いた

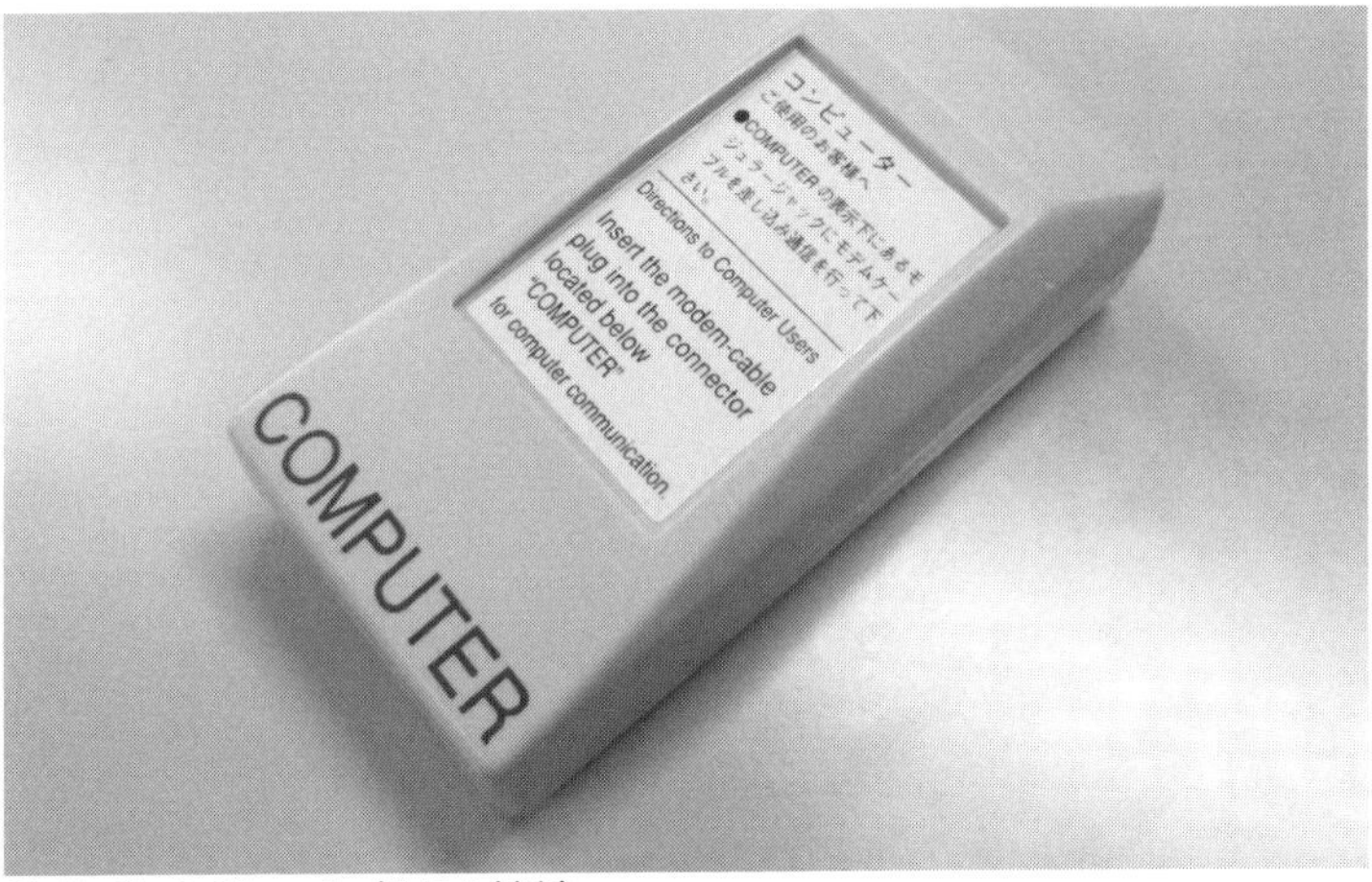

ラインチェンジャー１（ホテル対応）

ラインチェンジャー２（オフィス対応）

だいた方には、新商品を先行特別価格で提供します」と、ダイレクトメールやEメールで告知しました。これがかなり反響がありました。そこでテストをした結果をもとに（通信機器なのでいろんな環境での接続テストが必要で、自社ですると膨大な費用がかかります）、量産機をつくり登録ユーザーに先行販売した後に、店頭販売をしました。

■アイデア・プロデュース

ラインチェンジャーの開発・販売と同時に進めていたのが、「あなたのアイデアを製品化します」という事業でした。商品のアイデアはあってもどこに相談したらいいのか、メーカーの人でないとなかなかわかりません。それをプロデュースする事業です。この事業の話をオプトの鉢嶺社長に紹介をもらった日経新聞の記者にすると、「面白いですね！」といっていただいて、すぐに日経産業新聞に記事が出ました。おかげさまで反響の問い合わせの電話が、たくさんあり、強いニーズがあることを確信しました。そういえば某企業は新規事業の発表を企画段階で先行してリリースし、その反響で事業化するかを決めているそうです。

商品化できそうなアイデアもいくつも寄せられ、試作機もつくりました。植木鉢にいつ水をあげたらいいかを、水分を測るセンサー付きで水のあげ時になったらランプが付く機器とか、カラオケ専用プリクラもつくりました。当時大ブレイクしていた「プリクラ」と「カラオケBOX」の掛け合わせです。両方ともアイデアは良かったと思うのですが、販路開拓がうまくいかずお蔵入りとなりました。特にアイデアを持ち込む人に「販路」がないと、うまくいかないことがわかりました。ラインチェンジャーの販路開拓もあれほど苦労したので、実績の無い商品は本当に難しいです。**顧客を持っているかいないかが、新規事業の成功の大きな要因のひとつです。**

割合うまくいったのが「携帯電話妨害機」でした。携帯電話と同じ周波数の電波を出して、携帯電話を圏外にしてしまうという機械です。お客様は病院や映画館・劇場など、携帯電話の使用で迷惑しているところです。この商品にも意外なニーズがありました。シティホテルです。そのホテルではいわゆるヤバ系の人たちがロビーに居座り大声を出して携帯で会話しているので、一般のお客様が近寄らなくなっていました。この商品の販売がうまくいったのは、当時リクルートから創刊された「アントレ」という起業・独立情報誌に、「代理店募集」の広告を掲載したことからでした。当時は証券会社大手の山一證券や都銀の北海道拓殖銀行が潰れたり、大企業のリストラが激化したときでした。大企業をやめた人たちが独立するにあたり、売れる商品を探していたのです。そういった人たちのなかから、「携帯電話妨害機」の販路になりそうな人脈を持っている人たちを中心に、代理店網をつくったことが大きかったと思います。

■HP制作

今でこそどんなに小さい会社でも、HPがあるのは当たり前になっていますが、1997年当時はHPを持っている企業は、ほとんどありませんでした。一方ファインドスターはHPを通してラインチェンジャーの販売を行い、すでに「売る道具」としての限りない可能性を確信していました。友人・知人にHPの話をすると一様にみんな興味を持ち、HP制作の依頼が殺到しました。

「これは商売になる！　まだ周りで誰もやっていないし大きなチャンスだ」

当初は人脈だけに頼って仕事をとっていましたが、それも早々に尽きてしまいました。

そこで考えたのが、「合コン作戦」でした。ＨＰ制作のターゲットは20代・30代の中小・ベンチャーの社長です。「飲み会」というよりも、「合コン」といったほうが抜群に参加率が高いことに気づきました。社長の友達は社長が多いので、知り合った社長に友人社長を連れてきてもらうように頼みました。異業種交流会のような大勢のところで出会うよりも、少人数の「飲み会」「合コン」のほうが、ぐっと距離が近くなり仲良くなれます。仲良くなれば比較的高い確率で、ＨＰ制作の案件をいただけました。タイミングも良かったと思います。「ちょうどＨＰを作ろうと思っていたんだよね」と言われることが結構ありました。今であれば太陽光発電でしょうか。みんな興味はあるけれど、知らない人にはなかなか頼みづらい、そんな商品がこのやり方は向いていると思います。

■新規参入ラッシュ

1997年の時点で、HP制作についてはほとんど競合はいませんでした。ところが、ものの2、3年もたたないうちに、過当競争が始まっていました。広告代理店・制作会社・印刷会社・システム会社から個人までが、参入してきたのです。まさに新規参入ラッシュです。相見積もり・コンペはあたり前になり、最後は値引き合戦になりました。今の薄型テレビも、大手メーカーからマンションメーカーまで、数百社が参入してひしめきあっています。薄型テレビは差別化も難しく綺麗な画像を競っていましたが、お客さんはそこまでの画像を求めていなかったので、結果値段のみが唯一の差別化となり、大手家電メーカーは軒並み大赤字を出しました。HP制作も全く一緒で、実績や社員の質で差別化を計ろうとしましたが、実績ではどこも差がなく、社員の質も目に見えてわかるレベルではないので、結果値段のみが受注のポイントとなっていました。**差別化・参入障壁が事業をする上においていかに大切か**、身をもって経験しました。

厳しい状況に直面した最中、それに追い打ちをかけるような事態が起こりました。その頃某大手ネット企業との取引が、売り上げ全体の3割以上を占めていました。ところが、その会社を担当していた営業マンが突然、クライアントを持ったまま独立してしまったのです。その企業の売上をあてにして、HP制作の営業強化のために新入社員を3人も入れたばかりなので、赤字になってしまいました。**人に依存するビジネスで拡大することの危険性**を、赤字になるまで気付いていなかったのです。ちなみにその、新入社員3人が清水（現スタートライズ代表）杉山（現スターガレージ代表）梶川くん（現ヤフー）です。

第二章　新規事業

■赤字脱出

赤字から黒字にするために、必死になって、以前お会いした方を周りましたが、なかなか案件がありません。**仕事が無いというのは本当につらいです。**会社の雰囲気も最悪です。手持ちぶさたのエンジニアが、お昼に出て2、3時間戻ってこなくても文句もいえませんでした。**継続した仕事ではなくスポット的な仕事で人を雇用することの怖さ**を、身を持って体験しました。

そんなときにラインチェンジャーの販売でベッコアメさんを紹介してくれた、プレステージから翔泳社に転職をした村田さんから、突然携帯に電話がありました。

「内藤さん覚えてますか。知り合いがネットビジネスをやるにあたって資金調達に成功したので、システムの開発はできますか？」

ラインチェンジャーのピンチのときはリフォーム時代の人脈に助けられ、WEB制作のピンチのときには、ラインチェンジャーの人脈に救われました。

開発だけではなく月々の運用までいただけたので、これで何とか生きながらえました。運用で大活躍したのが、ラインチェンジャーでサポートの仕事をしてくれていたアルバイトの森脇くんでした。もともとは新規で採用する余裕もなかったので、苦肉の人事でした。それまでは言われたことはきっちりやるけれども自主性はなかったのですが、この運用チーム発足にあたって数人の派遣・アルバイトを採用しそのリーダーに任命したら、見違えるようにリーダーシップをとり始めたのです。もともと国立大を出て音楽を志すも志半ばで断念し、アルバイトで生計を立てていたので、本人も忸怩たる思いだったと思います。**ポジション（役割）が人を創る**ことを教えてもらった、貴重な経験でした。

ポジションが人を創るでは、まさに社長というポジションは非常に成長できるポジションです。うちのグループがどんどんグループ企業を創出する目的のひとつが、社長というポジションを増やすことです。グループ企業の代表はファインドスターにいた頃よりも、驚くほど皆、成長しています。

ＨＰの制作は、基本一度作ったら終わりです。一つの仕事が終わるごとに、また新規の顧客を開拓しなければなりません。まさに「狩猟型」ビジネスです。次々に新しい顧客が見つかるうちはいいのですが、案件が切れると、固定費で一気に赤字になってしまいます。**一回限りのお付き合いの「狩猟型」ではなく、お客さんが継続してお付き合いしてくれる「農耕型」のビジネスへの転換**を、強く考えるようになりました。

■成功報酬型ＨＰ制作

しかし、果たしてＨＰ制作で農耕型ビジネスに展開し得るのか？　そう考えていた時に創業時からやっていたお見合いパーティーの情報誌でお付き合いのあった広告代理店から、通販のＨＰ制作の案件が持ち込まれました。

「うちのお客さんが女性にもてる香水を雑誌に広告を出して通販で売っているのですが、インターネットでも販売したいそうなのでファインドスターさん作れますか？」

その香水は、男性雑誌のアサヒ芸能の表紙の裏に広告を出していて、「20代向け」「30代向け」「40代向け」の３種類があり、それぞれ5千円でした。

「ちょっと怪しいし、高いですね。これ売れるんですか?」「売れてるみたいですよ!ずっと広告出してますし」

後日この案件を一緒にやる杉山（現スターガレージ代表）とこの香水をつけて合コンにいったら、確かにいつもと違う引きがあったので今思うと効果があったのかも知れません。

「これぐらいのHPであれば30万円もあれば作れますが、もしよかったらうちで制作代持ちますので売上歩合という組み方はできないですかね?」

当時はまだネット通販もほとんど普及していなかったので、売れるかわかないものに30万円も出すのはリスクがあるとのことで、お客さんも喜んで応じてくれました。

雑誌広告の中にHPのURLを入れてもらうのを条件に含めてもらい、早速ネット通販をスタートしました。滑り出しは順調でした。売上の20%をもらう契約で月に50万くらいの売上でしたので、こちらの収入は約10万円になりました。3ヵ月で制作費を回収してしまいました。

その後の売上は全部利益です。約1年続きましたが、先方から「サイトを買い取りたい」との申し出があり、あっけなく終了しました。100万以上うちに払ったのですから、よく1年ももったと思います。その通販会社とは数年たってうちの新規事業で、お付き合いが始まります。今ではうちの取引先の上位に来るので、本当にどこでつながるかわかりません。

「もてる香水」以外にも、ネット通販はいろいろ手掛けました。マニア向けオモチャの通販サイトを上場企業と組んでやってみたり、唾液で排卵日がわかる検査機を売ってみたり、麻雀サイトで幸運を呼ぶアクセサリーを、売ってみたりなどなど。損をしたのもありましたし、そこそこ利益が出たのもありましたが、結局このスタイルでのビジネスは継続できませんでした。**この事業に賭ける強い思いがなく、儲かりそうだからとりあえず手を出した、という事業へのスタンスが問題だったと思います。事業は始めるのは簡単ですが、「強い情熱」がないと継続しないことを、このときに強く感じました。**

■新生活ドットコム

ＨＰ制作での人脈営業も、「もてる香水」のような収益シェアも、自社でのネット通販もなかなか軌道に乗らず、社内の制作スタッフの仕事確保に、いつも追われていました。仕事が無くても毎月給料は発生します。そんな時に、前の会社のペルソン時代からお付き合いのあったネット広告代理店のオプトが、どうして躍進したかのきっかけを聞く機会がありました。

「イースマイ」という不動産情報サイトを運営していて、**広告代理店よりも媒体社（テレビ局や新聞社のように、自社でメディアを運営している会社）のほうが企業とのアポイントも取りやすく、顧客にもなりやすかったそうなのです。**そこで顧客になった不動産会社に、ネット広告を売りまくったとのことでした。確かに自分も学生時代にパーティー券を売るのに、集客しやすい合コンで接点を持ち、パーティー券を売りまくったのを思い出しました。最初の顧客接点を持つための「媒体を持ちたい！」と強く思うようになりました。

そこへたまたま友人に誘われた異業種交流会で、媒体社の社長と知り合いになったのです。その媒体社では新築予定の顧客リストをもとに、無料情報誌をダイレクトメールで自宅に送っていました。顧客リストはお役所から手に入れていたのです。個人情報保護法施行前の話です。新築購入時に車や家具・家電などの耐久消費財を新調するお客さんが、すごい確率でいるそうです。そうしたメーカーや販売会社からの広告で、成り立っている媒体でした。

会ってすぐに「この媒体のWEB版を一緒にやりませんか」、と提案しました。「WEBはうちでつくるので、情報誌でWEBの告知をお願いします。WEBの広告費は、両社でシェアしましょう」「ちょうどHPを制作しようと思っていたところでした。それならば一緒にやりましょう」

トントン拍子で決まりました。

この事業の立ち上げを責任者としてやってくれたのが、清水（現スタートライズ代表）でした。立ちあげたサイトは「新生活ドットコム」という名前にしました。情報誌の名前を使わずにこの名前にしたのは、家を建てる人だけではユーザー数が少なすぎるのとクライアントも限られるので、引っ越す人全般を対象にすることにしたのです。

広告営業先は車・家具・家電などの販売会社から、引越し・不動産賃貸など対象として考えられるところは、ありとあらゆるところに営業に行きました。会社は苦しい状況でしたが、営業マンを2名、両方とも女性ですが、新たに採用しました。そのうちの一人は元パン職人の須田ちゃんで、後にうちの今の主力である事業の中核メンバーになるとは、そのときは夢にも思いませんでした。

結果は大失敗でした。もともとの目論見であるこの媒体で顧客接点を持ち、ＨＰ制作の案件をもらうというつもりでしたが、すでにＨＰ制作の市場は過当競争で、どの企業も出入りのＨＰ制作会社が決まっていて新しく入るのは至難の技でした。**過当競争の市場では新たに顧客接点を持っても、よほど差別化されたものがないと、ひっくり返すのは難しいということをいやというほど思い知らされました。**

サイト自体も全然集客力が無く、惨敗でした。家を建てる人から引越し全般にターゲットを広げたことで、コンテンツが薄く広くなってしまい、全く刺さらないものになってしまっていました。媒体からの流入も、全くありませんでした。媒体の読者からすれば、無料で勝手に送られてくる媒体です。そこからさらにWEB版というのは、有料の雑誌ですらWEBへの誘導に苦戦しているのですから、今思うとどだい無理な話でした。

事業を立ち上げてきて今回のように、**「顧客（ユーザー）の対象を広げる」ことで何度も何度も失敗してきました。ターゲットを広げることで商品・サービスが「無くては困る」から「あったら便利」になってしまうのです。**

最近も妊婦タクシーというサービスが大きな反響を呼んでいます。妊娠中の人だけを対象とした「呼べば必ず来て病院まで運んでくれるタクシー」です。お子さんがいる方はわかると思いますが、陣痛が来ても確信が持てないこともあり、簡単には救急車を呼べません。既存のタクシーも何かあったら嫌なので、妊婦さんを乗せたがりません。まさに妊婦さんにとっては、「無くてはならないサービス」なのです。

「新生活ドットコム」は大失敗に終わりましたが、そのときに開拓したお客さんから、WEB制作ではありませんが大きな仕事をもらいました。車情報サイトのカービューさんです。担当の清水から、石油カードの媒体なども提案したことで、「カービューの社長がうちが面白い媒体を提案するから、一度内藤さんと会いたいといってるのですが」

いわれて、早速松本社長とお会いすると「うちのボスに御社のことを話したら、ぜひ紹介して欲しいと言われててね。何か新しい事業を手伝って欲しいみたいで、今から会いに行こう」とのことで、隣のビルに連れていっていただきました。なんとそこには、ソフトバンク副社長の宮内さんがいらっしゃいました。ラインチェンジャーのときにもお電話だけですが接点があっただけに、不思議な縁を感じます。宮内さんは全く覚えていませんでしたが。

「ヤフーBB知ってるよね。今度ヤフーBBのモデムを、無料で街頭で配布するキャンペーンを企画していて、その場所探しをやってくれないかな。結果が出る限り場所代は払い続けるから、美味しいでしょう！」

お金の払い方もやる気になる体系でしたが、何より「この人のために頑張りたい！」

と思わせる人間的魅力にあふれる方でした。

早速人脈をフル活用して、場所の候補リストを作って宮内さんに持っていくと、「いいね！　これから毎週1回打ち合わせをしよう！　毎週頼むよ！」「毎週ですか？」

ここからが結構大変でした。ほぼ1回目で持ってるネタは出し切ったので、僕と清水、新生活ドットコムで新たに入社してくれた女性営業マンの須田ちゃんの3人で、ヤフーBBの場所探しに奔走しました。ときどきはっぱをかけるように、宮内さんから携帯に電話がありました。「一等地を安く大量に頼むよ！」言葉はやさしいですが、やらないと大変なことになる、妙な威圧感はありましたが。

さすがにトップだけに話は早く、場所のリストを持っていくと、その場でどんどんやる場所を決めてくれました。お試しで一週間ほどヤフーパラソルと呼ばれるブースでモデムを配布し、良い結果が出ると、その場所は結果が出る限りずっと継続してもらえました。この案件のおかげで、厳しい業績も見事に復活しました。**新たな接点を持つことでチャンスが広がる**ことを、あらためて教えられた出来事でした。

■Party Jam

創業時から続けている事業のひとつに、お見合いパーティー情報誌『Party Jam』があります。この『Party Jam』は友人の紹介で、当時お見合いパーティー最大手の未来計画の山田社長からのご縁で始まりました。

「うちの業界はリクルートの『じゃらん』（当時はお見合いパーティーのコーナーがありました）に集客のほとんどを頼っていて、もし『じゃらん』がこのコーナーを廃止したら、終わってしまうのです。なので自分たちで集客できるメディアを持ちたいので、一緒に協力してもらえませんか」

とのことで始まった事業でした。未来計画が幹事となり、お見合いパーティー大手7社のパーティー情報を冊子にして、それぞれのパーティー会場で配布したり、一度来てくれた方へ郵送で送っていました。そのコストの一部を広告で埋められないかとのことで、うちが広告の総代理店としての役割を担っていました。広告主は主に結婚情報サービス業や、エステサロンでした。そしてその広告主の一社である「ツヴァイ」

さんからの相談で、新規事業が始まったのです。

■同封広告

「新聞、雑誌に広告を出しても、最近は費用対効果が落ちて困っているんだ。クレジットカードの請求書に、うちの広告を同封したりするとすごく効果があるんだよ。どの広告代理店もありものの広告媒体は提案があるけれど、自ら広告媒体を開拓してはくれないので、自分たちでカード会社に電話して交渉しているんだよ。内藤くん、ぜひ開拓してよ」

とのこと。そういえば自分も、ラインチェンジャーの広告を各プロバイダーに電話をして、広告を出稿できるように交渉していたのを思い出しました。ただそのときは、クレジットカード会社につてがあるわけではないので、スルーしていました。

そのまさに一週間後に広告代理店の友人から、コスモ石油のクレジットカードの請求書に広告を同封できないか、と相談が来たのです。すぐにツヴァイさんに連絡をとると、「え！　本当に見つけて来たの？　やるよ！」と即決でした。ＨＰ制作の仕事を取るのにあれだけ四苦八苦していただけに、電話一本で数百万の仕事が決まったことにびっくりしました。

商売はニーズが強いところですることの重要性を、あらためて気づきました。広告を発送して一週間もしないうちにツヴァイさんから、「反響すごくいいよ！　ぜひ年間契約したい」と連絡がありました。コスモ石油さんからも広告主をつけてくれてありがとうとお礼を言われ、間に入ったうちもすぐに商売になったので、「三方よし」とはまさにこのことだと思いました。この広告手法が「同封広告」ということも、この時初めて知りました。

■同封広告ドットコム

ＲＪＣの先輩で、今ではネット広告代理店最大手のひとつであるアイレップ創業者の高山さんと、創業時はオフィスをシェアしていました。アイレップ１人、うちが４人の合計５人で、20坪くらいの四谷三丁目にある雑居ビルを借りていました。自宅も偶然にも、埼玉県の蕨駅で一緒でした。お互いお金がなく、僕は実家で高山さんは家族で都心から引っ越していました。アイレップさんは、ヤフーやグーグルの検索エンジン広告の草分け的存在です。その可能性をいつも聞いていて、「将来性のある媒体だから、広告を出す側でも大きなチャンスがありそうだな」と思っていました。

そんなときに「同封広告」という存在を知り、「検索エンジン広告で同封広告のキーワードで出稿したら、反響あるかも！」とひらめきました。コスモ石油の広告主の開拓でも、結婚情報サービスよりも全員車ユーザーだから車関係の広告のほうが反響あるのでは、と思い清水と一緒に自動車保険会社を数社まわっただけで、すごく歓迎を受けました。「こういった媒体を探してたんだよね！」間違いなく広告主のニーズがあることは、確信していました。

早速ＷＥＢ制作を担当している佐竹くんに、「同封広告ドットコム」のサイト制作を依頼しました。サイト完成後にすぐに、アイレップさんに検索エンジン広告をお願いしました。多分日本の広告代理店では、初めてだったと思います。すぐに大きな反応がありました。「ＷＯＷＯＷ」「シティバンク」や外資系生命保険会社・クレジットカード会社など、大手から中小まで続々問い合わせが入りました。毎日4、5件はコンスタントにありました。この頃はメールボックスを開くのが、毎日楽しくてしょうがありませんでした。

WEB制作では顧客接点を作るのにさんざん苦労しただけに、「売れる仕組み」のありがたみを心底理解したときでもありました。「同封広告ドットコム」が広告代理店業界でも話題になり始めると、ライバル代理店が似たようなサイトで追随してきましたが、WEB制作で新規参入ラッシュは経験していたので、次なる手は考えてありました。

WEB制作会社という強みを生かして、一気に似たようなコンセプトのサイトを、大量につくりました。ターゲットごとに「富裕層」「シニア」「主婦」「子育てママ」「BtoB（企業対企業）広告」、媒体も同封広告だけにとどまらず「ダイレクトメール」や店舗などを媒体とする「ルートメディア・インストアメディア」、「ポスティング」などなど合計で30近いサイトを立ち上げました。全サイトからの問い合わせが、一日合計で20件以上来るようにもなりました。

■ニッチメディアメールマガジン

ＨＰ制作の営業をしていたころに、「そういえばＨＰ制作やってたよね。ごめん忘れてて、他社に発注しちゃったよ！」と言われることが1回や2回ではありませんでした。思い出してさえもらえれば仕事が来たかもしれないと思うと、大変もったいない話です。

僕の持論ですが基本、**新規開拓には営業力はいらないと思っています。見込み客リストとタイミングが重要です。**僕が新卒の頃（１９９１年）の人材派遣業界は、1位パソナ2位テンプスタッフ3位リクルートスタッフィングでした。それがあれよあれという間に当時10位だったスタッフサービスが、業界首位に躍り出ました。そのときの経済誌の記事でスタッフサービスのことが出ており、

「派遣の営業はタイミング。ニーズが顕在化したときに思い出してもらえるかどうかが大事。いつニーズが顕在化するかはわからないので、いかに自社の営業マンがお客

さんに忘れられないように訪問するかが大事。そのためには定期訪問するしかない。ただ営業マンも感情があるので、基本自分で考えて行きやすいところや、大きなところを中心に周ってしまう。それを防ぐためにスタッフサービスでは、担当エリアを細分化して港区ではなく新橋というふうにして、週一回は必ず訪問する仕組みにしたことが、飛躍のきっかけとなった」

と書いてありました。

これを読んだときに、頭に稲妻が走りました。「新規開拓に営業力はいらない」「定期アプローチの仕組み」。ＨＰ制作ではタイミングで何度も痛い目を見ていたので、ニッチメディアの営業では、何とかこれを克服したいと思っていました。

「理想は営業マンが定期的に連絡することだけど、やらないだろうな。メルマガだとつまらないとむしろ逆効果だし」

そんなことを思っているところに、ライブレボリューションさんのプレジデントビジョンというメルマガが送られてきました。ベンチャー企業の経営者のインタビューが一人につき3，4回に分けて配信されてきました。「これだ！　これのニッチメディア版を立ち上げよう！　ネタもつきないし、このメルマガに興味を持つ人は、ターゲットにもなるし」。

早速「もてる香水」で辛酸をなめた杉山に声をかけて、ニッチメディアメルマガを創刊することにしました。創刊号は、富士フィルムの新規事業の責任者の方です。ネットで写真の現像が無料で依頼でき（枚数制限あり）、写真と一緒に、広告が同封されてくるというサービスでした。立ち上げた経緯や今後の展開などを取材し、3回に分けて配信しました。

メルマガの送信先は、今までの名刺やWEBで問い合わせが来た方全員に3千通ぐらいでしょうか、お送りしました。なお余談ですがその方には後日合コンで再会し、たまたま通販事業の広告のご担当だったので　この機会にご縁をいただき後にお仕事をいただきました。

メルマガはインタビューを中心に、新しいニッチメディアを開拓するとその情報も掲載していましたので、1回配信すると数件の問い合わせが入りました。その後メルマガの編集長を兼務にしたのと、インタビューではなく広告をメインとし、配信数も週2、3回と乱発したら、あっという間に読者が離れていきました。

■フリーペーパードットコム

ニッチメディア関連のサイトには、毎日たくさんのユーザーに訪問していただいて、多数のお問い合わせをいただきました。そのうちの70％ぐらいが、広告代理店の方でした。お見合い情報誌『Ｐａｒｔｙ　Ｊａｍ』の広告営業をしていたときに、広告代理店との接点を持つのに大変苦労したのを思い出しました。

「媒体社からお金をもらえないかな。特にフリーペーパーはこれだけたくさんあってまだまだ創刊されているし。世の中に2千社以上はあるから半分の千社から1万円毎月もらえれば、これだけで年商1億円だ！」

こうなると夜も眠れません。すぐに佐竹くんを呼んで「フリーペーパードットコム」の構想を話し、サイト制作とアルバイトを採用して、このサイトに掲載してくれるフリーペーパー会社の開拓を始めました。

どのフリーペーパー会社も、企画書の段階では「面白いね。できたら掲載するよ。完成したらまた来て」と好意的ではありましたが、申し込みはもらえませんでした。とにかく早くサイトを作ってまた営業に行こう！　サイト完成後にまわってみると、今度は「実績は？」と聞かれ、「最初はお試しで無料で結構です」といっていざOPENして数ヶ月たってみると、「効果がまだ出ていないし、費用対効果がわからない」と全くもって、有料での掲載が取れませんでした。

そもそもフリーペーパー会社は、広告代理店との新たな接点はそこまでもとめていなかったのです。本当に困っていればサイトが完成前に、「今　申し込みいただければ、半額で掲載できます」とでもいえば、申し込みが入ったはずです。

ここでの大きな気づきは、**「プレ営業では見込み客は本音をいわない。本音を知るには申し込み書をもらう」**ことです。確かに僕もいろいろな事業の提案を受けますが、よっぽど信頼関係がある人でないと、厳しい話はなかなかできません。基本、人は嫌われたくないからですね。事業の成否を見極めるためにも、**商品・サービス完成前の**

プレ営業でどれだけ申し込みが取れるかが、ひとつの試金石になります。

■ファインドスターフォーラム

ニッチメディアメルマガ、フリーペーパードットコムともに失敗に終わりましたが、そのリソースで、別の事業ができました。WEB事業の佐竹くんのメンバーの赤澤さんの発案で、ニッチメディアの展示会の企画が持ち上がったのです。一番最初は「ニッチメディアフォーラム」という展示会名で六本木の貸し会議室を借りて、15社ほどの媒体社に出展してもらいました。集客はニッチメディアメルマガです。

会社としては初めての展示会なので、当日まで来場者があるか不安でしたが、会場に行くと貸し会議室から人が、たくさんあふれていました。まさにみんなそういった展示会を、欲していたのです。この事業は佐竹くんが中心となり、3年後には有楽町駅前の国際フォーラムの展示スペースを全て借りきって、「ファインドスターフォーラム」と銘打って2千人の来場者と150社以上の出展による大展示会へと発展しま

ファインドスターフォーラム

ファインドスターフォーラム会場

した。今でも「ターゲットメディアフォーラム」という名前で、佐竹くんが創業したターゲットメディア株式会社で事業を継続しています。

■ネットリサーチ比較ドットコム

日経新聞にネットリサーチ最大手のマクロミル杉本社長のインタビューが出ていました。

「ネットリサーチというとネットで仕事が取れるみたいなイメージがありますが、うちは一番のクライアントである広告代理店に、営業マンが日々飛び込みで営業してます」

広告代理店に営業⁉　うちのサイトはまさに広告代理店がいっぱい来るし、確かにネットリサーチは最近始まったばかりのサービスで、この分野でどんな会社があるかわからない。保険の比較サイトも最近はやっているし、ネットリサーチの比較サイトつくったらいけるかも！

また懲りずに興奮して、眠れない日々が始まりました。すぐに同封広告の立ち上げで大活躍してくれた清水を呼んで構想を話すと、「面白いですね！　やりましょう」といって、早速マクロミルさんにアポイントを取ってくれました。

企画書を持って訪問すると「比較サイトではお客さんは来ないですよ。この企画では無料でもやりません」とほぼ門前払いでした。意気消沈しましたが、業界2位のインタースコープの平石社長とはうちの社員がホームパーティーで知り合いになった縁で、僕も一度お会いしていたので、藁にもすがる思いで訪問しました。平石さんは「内藤さんがやる企画だから、とりあえず参画しますよ」と即決していただきました。本当に嬉しかったです。その後、他のネットリサーチの会社を周ると「インタースコープが参画しているなら」とのことで続々参画してもらえました。

ラインチェンジャーのときも、T―ZONEさんの実績から始まったので、**最初の実績企業が新規事業は本当に大切です。**６社の参画で「ネットリサーチ比較ドットコム」がＯＰＥＮしました。ビジネスモデルは一件送客するごとに、１万円をネットリサーチ会社さんからもらうモデルです。

初月からなんと、100万円も売上げました。ライバルもなかったのでSEO（検索エンジンで上位表示）や検索エンジン広告をしなくても、ネットリサーチで検索すると1番だったのが大きかったです。ただ当初目論んでいたニッチメディアのサイト群からのユーザーの流入は、ほとんどありませんでした。この実績でマクロミルさんも参画していただいて、月間200万くらいまでいきました。

「BtoB（企業対企業）関連サービスの比較サイトは行ける！」まさに宝の山を発見した気分でした。すぐさま「FAX－DM」「ダイレクトメール」「テレマーケティング」「ポスティング」「DVD・CDプレス」などなど、マーケティング関連のワードで、グーグルのキーワードアドバイスツール（検索ワードを入力すると検索数がわかる）を使って検索数の多いものを片っ端から立ち上げました。しかし1年もしないうちにライバル企業が多くあらわれ、気がつけば売上も急降下していました。むしろ後で調べてみたら、後発の企業のほうが大きく売上を伸ばしていました。

負けた原因のひとつが「参入障壁」がなかったことです。サイト自体は誰でも作れますし、そんなにコストもかかりません。**参入障壁が低いビジネスは、どう逃げ切るかまで考えてやらないと、事業の成功は難しいです。**ただ**一番の敗因はこの事業の専任がいなかったことです。**相次ぐ新規事業の立ち上げで、メンバーは兼任がほとんどでした。**朝から晩まで一日中考えている人にはかないません。**このときに**どんな事業も特に新規事業は、朝から晩まで考えられる情熱をもった責任者がいないと成功しない**と気づきました。現在この比較サイトは、佐竹くんの会社に引き継いでもらっています。

■ニッチメディアカタログ

社員の松原（現ターゲットメディア執行役員）から

「フリーペーパードットコムでは媒体社からはおカネをもらえなかったけれど、情報を見る側からもらえないですかね」

当時WEBは無料という固定概念があり、全くその発想がありませんでした。当時のファインドスターで一番困っていたのが、ニッチメディアへの広告代理店からの問い合わせでした。問い合わせの半分以上を占める割には、ほとんど商売になりません。不動産でいう「千三つ」状態（千件引き合いがあっても決まるのは3件）で、手間ばかりかかっていました。ただこれだけ問い合わせがあるということは、ニッチメディアに対するニーズは、根強くあるのは確信していました。

「うちも結構な人件費をかけて新規媒体開拓をしているから、新しいニッチメディアを紹介してくれるサービスがあれば、お金を払うよな。これだけ広告代理店からの問い合わせがあるのだから、今まで問い合わせのあった広告代理店に営業をかければいけるかも！」

同封広告でも、日に日に新規参入が増えていました。新しい媒体を見つけて電話をすると、「お宅で5社目だよ！」といわれることも、珍しくありませんでした。WEB制作、ＢｔｏＢ比較サイトでも後発にやられたので、なんとかこの同封広告では参入障壁をつくりたいと、日々考えていました。

当時の同封広告の営業でのお客さんへの一番の価値が、「新規媒体の提案」でした。

どれだけ新しい媒体を開拓できるかが、勝負でした。基本人海戦術でしたので、資金力のある会社が参入してくれれば、かなりの苦戦を強いられることは必至でした。

大手広告代理店の参入は脅威ではないですか？　とよく聞かれましたが、そこはあまり脅威ではありませんでした。大型コンピューターのＩＢＭがパソコンでマイクロソフトに、大手銀行が消費者金融では独立系にかなわなかったのは、大きな商売をしている人は、自分たちよりも小さな商売を下に見る傾向があり、本気になってはやれないからだと思います。１億の融資をしていた人が５万円の貸付には、なかなか身が入らないのも心情的にはわかります。

新規媒体の開拓が肝だったので、この情報を取りにいってるうちは、資金力のあるライバル企業に負けるリスクがあります。この情報が向こうからやってきたら、これは資金力は関係なくなるなと思っていました。向こうから情報を登録したいと思わせるものは何だろう?と考えたときに、ヤフー（当時はＨＰをつくると10万円払って登録していました）やＮＴＴのタウンページのように、情報インフラになることが一番です。

ニッチメディアの情報インフラをつくったら、同封広告の事業の参入障壁になる！とそのときに、有料情報サイトのアイデアとが結びつきました。レシピサイトのクックパッドも、あれだけ資本力のあるヤフーや楽天が参入してきても負けなかったのは、まさに情報インフラとしてのブランドを確立したからです。一度そのポジションを創ってしまえば、強力な参入障壁となる見本でしょう。

ＢｔｏＢ比較事業の失敗で気付いた、**何をやるかよりも誰がやるか。この事業を朝から晩まで情熱をもって考えられる人**という観点で清水にお願いすることにしました。この構想を話した後で居酒屋で二人で飲んだときに、「内藤さん、僕が絶対に成功させますからやりましょうよ！」と酔った勢いもあるのか、かなりからまれましたが（笑）。この事業に対する熱い情熱は十分に伝わりました。

とりあえず当時新卒で入社したばかりの女性社員の市村さん（現スタートライズ執行役員）一人を、まだ清水が責任者になることが決定する前にいきなりこの事業に配属して、始めてはいました。当時はこの、とりあえず思いついたら始めるというスタイルが多かったです。全く研修もしないで上司も佐竹くんが兼務で、「媒体社に無料なのでサイトに掲載してくださいと電話してたくさん集めといて」と入社したばかりの新卒一人配属して、最初はほぼ放置状態でした。清水との握りで、やるからには徹底的にと思い、うちの新規事業では異例の社員4名、清水・市村、それから1年前に新卒一期生で入社した関口、SEの経歴で営業したいと入社したばかりの能登（現ロマンクルー代表）を配属しました。

完成前の広告代理店のプレ営業の感触はかなりよく、各代理店とも「こういうのを待ってたんだよね」「完成したらすぐ来てよ！」我々は確信しました。これはいける！すぐにバイトも大量に投入して、媒体情報集めに奔走しました。システムもSE経験のある能登に完成を急ぐよう指示しました。

ところが、いざ完成して、それまでに感触を得た広告代理店をまわると「もっと媒体数が集まってからじゃないと、お金は出せないな」「見ないものにお金は払えないから、最初は無料にしてよ」と手のひらを返したような対応でした。フリーペーパードットコムのときの教訓が、全く生きていませんでした。黒字転換に5年ほどかかりましたが、今では電通・博報堂など大手代理店など300社近い会員企業が集まり、清水が代表でスタートライズという社名でグループ企業4社めとして、年商もこのビジネスだけで1億近くになりました。あきやすく気の短い僕の圧力にも屈せず、ひたすらこの事業に賭けた清水の存在が、今の成功に導いたと思っています。これはBtoB比較サイトでの失敗の教訓を、生かせたと思っています。

■同封広告No・1

同封広告の代理事業は初年度2億円で、次年度も5億円と伸びました。問い合わせが順調に伸びたことが、大きな要因でした。同封広告は実は先行している代理店が2社あり、トップは売上18億円でした。どうすればNo・1になれるのか？　取り扱う媒体を、同封広告以外にも大きく手を広げることにしました。店舗を媒体化したルートメディア、フリーペーパー、ポスティングなどなど、マスメディア以外をニッチメディアと定義し、ニッチメディアNo・1代理店を目指そうと考えていたのです。

結果この戦略は、大失敗に終わりました。同封広告以外は、なかなか売上が伸びませんでした。一番の理由は**限られた人員でリソースを分散したために、どれも中途半端になっていたのです。**弱者の王道である選択と集中の逆をやっていたのですから、あたり前です。この後何度も**商品・顧客の幅を広げて、痛い目を見ることになります。**

広告代理店のNo・1戦略とは何だろう？　その頃オプトさんが、媒体はヤフー以外は売らないという選択で、大きく売上を伸ばしていると聞きました。総合代理店トップの電通も、創業時はテレビに特化したと聞きます。共通項は**これからブレイクする媒体に特化をして、No・1のポジションで売りまくる、**ということに気づきました。媒体のNo・1のポジションを取ることで、仕入れも有利にできます。お客さんからもNo・1代理店だからということで、大きな信頼を得られ、仕事が集中します。その媒体が成長する果実を一番多く取れることが、もっとも大きいメリットです。

これをうちにあてはめると、同封広告に特化をすることだと気づきました。広告代理店は労働集約産業です。なんだかんだいっても、最後の決め手は人数です。ここから一気に社員を大量採用することを決意し、20人の社員を3年で60人にまでしました。

ここでも大きな失敗をしました。採用することに集中するあまり、組織づくりが完全に抜けていました。マネージャークラスからどんどん辞めていくのです。立ち上げたばかりの大阪営業所の所長は辞めるわ（大阪営業所に入社3ヵ月の第2新卒の社員が後任となりました）、事業部長まで辞めてしまいました。辞めた人数は1年で60人中10人以上です。

最初は「わかってないな、これからうちの会社は面白くなってくるのに」と思っていましたが、わかっていなかったのは自分の方でした。採用や事業に集中するあまり、社員とのコミュニケーションは、ほとんどとっていませんでした。また新卒3年めの女性社員に、何も教育せずにをマネージャーをさせていたりもしました。組織が崩壊してあたり前です。この経験で大きな代償ではありましたが、たくさんの気づきをもらいました。

以前H・I・S創業者の澤田社長の講演で、**「組織は人数が10人、30人、100人と1と3がつくところで、マネジメントを変えないといけない」**とおっしゃっていたのを、思い出しました。20人から60人に増えても、うちは全くマネジメントは一緒でした。メンバーとの直接のコミュニケーションが薄くなるからこそ、自分とマネージャーのコミュニケーションはしっかり取らないと、もっと現場のメンバーには僕の考えていることが、伝わらないです。価値観の明文化として、初めて経営理念と行動指針をつくったのも、この後でした。人が増えたことで失敗も比例して増えましたが、成長もこの頃は大きくしたと、振り返ってみると思います。

辞めたメンバーのうち半分近くは、社員やグループ企業で起業・パートナーとして戻ってきて、活躍してくれています。グループ企業1号のワンスターは、その時に通販会社に転職した渡邊と、カフェを将来やるんだといって辞めた千葉の二人が、起業してつくった会社です。

組織は崩壊しましたが、何とか売上は躍進して当時トップ代理店の18億を突破して、同封広告No・1の代理店になれました。次はどう参入障壁をつくるかです。提案した媒体でどのぐらいの売上が見込めるかわかれば、大きな差別化・参入障壁になると考えました。例えば店舗の不動産であれば、坪単価の賃料だけではなく、ファーストフードであればこのぐらいの売上が見込めると提案できるほうが、価値が高いはずです。

この予想数値を出すためには、媒体の反響データと広告主の出稿実績（どの業種がどの媒体にどのぐらい広告を出稿しているか）のデータベースがあれば、ある程度できると考えました。このデータベースはまさに先行者有利で、後発企業ではすぐにはできません。プラスして反響の取れる媒体であれば、こちらで買いきってしまえばライバルの代理店は、売りたくても売れない状況がつくれます。電通が昔テレビのゴールデンタイムを、買いきりしていたのと同じ考え方です。今はこれをもう一歩先に進めて、このデータベースがあれば成果報酬での営業も可能となります。オフライン（ネット以外）での成果報酬を常時提案しているところはまだないので、完成すれば大きな差別化・参入障壁となるでしょう。

営業力が広告代理店のセンターピン（Ｎｏ・１を取るための唯一の戦略）だと信じていたときに、アイレップの高山さんから

「うちは営業力は今後は重視しない、運用力重視でいく。社員も優秀な人材は、営業ではなく運用にまわす」

といわれました。リクルートグループ出身の社長で営業軽視の発言が出たことと、広告代理店のトップが言ったことに二重で衝撃を受けました。最初聞いたときは半信半疑でしたが、その後のアイレップの大躍進を見て、確信にかわりました。

確かに費用対効果を重視するダイレクトマーケティングの世界は、営業力よりも広告結果のほうが重要視されます。広告結果に直結するところに優秀な人材をあてるのは、理にかなっているのです。これをうちのビジネスにあてはめると、クリエイティブ（広告制作）でした。ＲＪＣの先輩の古田さんが、通販会社のジモスさんに転職していて営業にいったときに、

「媒体の提案もいいけど、クリエイティブはできないの？　反響は媒体3割クリエイティブ7割でしょう」

とクリエイティブの重要性を教えてもらいました。そこからクリエイティブ部門を立ち上げ、営業力が強い会社よりもクリエイティブ力の強い会社が勝てる時代がくる

と、予想していました。今でもまだそこまではいっていませんが、コンペでクリエイティブの反響がいい代理店に、媒体の発注をするクライアントも増えてきました。

リーマンショック直後、うちもご多分にもれず業績が停滞しました。当時は同封Ｎｏ・１になるためには、媒体社である通販会社さんが一番喜ぶ通販以外のクライアントを獲得しようと、専門のチームをつくり不動産・金融・リゾートなどのお客さんを開拓していました。リーマンショック直後にそういった広告主の案件が、一気に半減しました。理由はお客さんの業績の関係もありましたが、一番は同封広告でそれらのお客さんの反響が、悪かったことでした。当時は取引金額でお客さんの満足度を見ていて、リーマン前は少しそれらの業界がバブルということもあり、簡単に予算がついていたのです。

通販企業のように**リピート回数や取引期間で満足度を見る**ことが、一番いいことに気付かされました。そこから同封広告で一番リピート率の高い通販会社への営業に特化をしたことで、また業績を伸ばすことができました。また**取引期間の長いお客さんは、信頼関係もそれなりにできているので離脱も少ないこともあり、業績の安定にも**

つながりました。

■広告ニュース

BtoB比較サイトの立て直しには、集客力のある自社メディアを持つことだ、と思っていました。比較サイトの最大手であるカカクコムの圧倒的強さは、サイトの集客力だと考えたからです。

以前ソフトバンクの孫さんがYahoo!を「銀座4丁目の交差点」に例え、そこならどんな商売をやっても当たるので、どんどん新規事業ができるとおっしゃっていました。そのようなサイトが創れればうちの比較サイトも復活し、ソフトバンクのようにたくさんの新規事業ができると考えたのです。この頃から社内でも**グループ会社100社、雇用1000人**を高々と宣言しましたが、みんな冷ややかな目で僕を見ていました。まだグループ会社ゼロ、雇用も60人前後だったので無理もありませんが。

出戻りで帰ってきた杉山と二人三脚で、広告・マーケティング業界をターゲットとしたメディアをつくることにしました。まずターゲットを自分のような広告業界の経営者、管理職と決めて、自分の読みたいコンテンツから考えてみました。僕は広告業界のＩＲ（投資家向けリリース）をよく見ていたので、大手代理店や媒体社の業績情報は、みんな興味があると考えました。次に帝国ニュースに出てくる倒産情報。まずは手始めにこれらのニュースをＷＥＢとメルマガで提供を始めました。

メルマガは昔創刊したニッチメディアメルマガを、そのままリニューアルしました。異業種交流会等で名刺交換をすると「あのスパムメルマガを送ってくる会社ですね」と嫌味をいわれることが2、3回ではすまないくらいあり、問題となっていましたのでリニューアルは急務でした。お蔭様で減り続けたメルマガの登録数も、少しづつですが増えてきました。これが半年もすると、飛躍的に読者が増え始めたのです。きっかけは杉山の始めたTwitterとネガティブ情報でした。

当時ニッチメディアカタログの営業で、広告代理店に電話をかけまくっていました。そのチームの営業日報のひとつに、業界中堅の代理店へ電話をしたら「つながらない」という書き込みがありました。そんな大きな会社で電話がつながらないのはありえないと思い、すぐに杉山がその会社を訪問すると、オフィスはもぬけのからでした。ドアにマンションの一室への移転の張り紙がありました。これは実質会社が破綻したと思い、風説の流布にあたらないようその張り紙の写真と、事実だけを書きました。これがTwitterで拡散されていったのです。

「業界のネガティブ情報はTwitterで拡散される！」

大手新聞社の赤字のニュースは、ホリエモンのTwitterでも紹介されました。同封広告の事業部にも、どきどきお付き合いのある媒体社の休刊・廃刊の連絡がきます。ある日リクルートさんから、チラシの宅配事業の休刊の電話がうちにありました。HPで確認するとリリースは出ていません。企業は新規事業の撤退は、リリースしないことがほとんどです。「これはスクープだ！」と思い、早速ニュースにしたら大反響でした。TwitterのRT（転記）も過去最高でした。リクルート社内でも、うちのニュースで知った人が多かったそうです。

帝国データバンクのニュースに広告を派手にやっているところの倒産情報がのって

いて、どこの代理店がいくら債権があったかの情報もあったので、帝国さんに許可を得て掲載していました。これは人気ニュースでした。後に反響が大きすぎて、掲載はストップがかかりました。有料の情報だったので、影響があると思われたのでしょう。

僕は逆だと思っていて、続けていれば帝国ニュースの購読者数の増加に貢献できたと思っています。マンガもビニール梱包で単行本が立ち読みできなくなったことで、売上が落ちているといってる作家もいます。『ブラックジャックによろしく』で有名な佐藤秀峰先生です。その仮説を証明するために、『ブラックジャックによろしく』の無料購読をＷＥＢ上でできるようにしたところ、無料で公開した本の売上は落ちずに、続編の売上は上がったそうです。

広告代理店の人がどんなブログを読んでいるか、アンケートをとってベスト10を発表するという企画を思いつきました。早速アンケートを取り発表したところ、サイバーエージェントの藤田さんのブログがトップになりました。

なんとこのことを藤田さんが、自分のブログで紹介してくれたので、ものすごくＰ

Vが上がりました。この頃になると、業界関係の方と名刺交換をすると、結構な頻度で広告ニュースを読んでくれていて、「いつも楽しく読んでます。どこからあんなに情報をもってきているのですか?」とほめられることが増えてきました。スパムメルマガといわれた時代とは、隔世の感がありました。

肝心のビジネスのほうは、当初目論んでいた比較サイトへの流入は完全に失敗でした。読者からすると目的が違うのと、管理職の人は実務をしていないので、ターゲットが完全にずれていました。サイトのバナーやメルマガへは、ある程度順調に広告は入ってきましたが、損益分岐点を越えるまでにはなっていませんでした。

何かマネタイズする方法はないかと模索していたときに、フォレスト出版のビジネスモデルを知りました。本で獲得した読者を、セミナーや情報商材の販売につなげるという手法です。

広告ニュースの読者を有料セミナーに集客できないかと思い、第1回をインタビュー記事で好評だったエイ出版の編集長をお呼びして、セミナーと懇親会を企画しました。エイ出版さんはニッチな雑誌を得意としていて、バイク雑誌であればハーレーに特化し、ペット雑誌ではレトリバーと、さらに特化をするというコンセプトです。販路も本屋よりも、釣り雑誌であれば釣具店のように、そのユーザーがいそうなショップでの販売が多いというのも特徴です。ビジネスモデルもユニークで、読者を集めたイベントが肝らしく、広告主もイベントで読者とつながりがあるからと、継続して出稿いただけているそうです。

うちの展示会も、直接会って話ができるからとのことで、確かに出展社さんに好評なのを思い出しました。インタビューで聞いたときに、まさに我々広告業界のビジネスの新たなヒントが詰まっていると思い、業界の方にぜひ聞いてもらいたくて企画しました。

早速メルマガで告知をすると、有料セミナーで5千円もするにもかかわらず、100人近い申し込みがありました。まさにみんな、新たなビジネスのヒントを探していたのです。広告ニュース編集長の杉山が「広告業界発展のために貢献したい！そのための企画です」と挨拶すると、参加者から大きな拍手がおこりました。セミナー後の懇親会も大盛況で「お仕着せの集まりではなく、志あるこういった業界のつながりの集まりが欲しかったんだよ！」と口々にお礼をいわれました。**セミナーよりも集まった人に価値がある**ことを、あらためて気付いたイベントでもありました。

イベントも最初こそ回を重ねるごとに盛況になってきましたが、リーマンショック後の長引く広告不況にはあらがえず、いつしか参加者も減っていきました。参加者の「こういった勉強会や懇親会は、もう経費では落ちないんだよね」との一言に、**下りのエスカレータの業界での事業継続の難しさ**をまざまざと感じ、撤退を決めました。

アイレップの高山さんがリスティング広告事業で急拡大しているときに、**「上りのエスカレーターに乗ってる感じだよ。同じパワーでも、売上の伸びが全然違う」**とおっしゃっていたのを思い出しました。ただニッチメディアカタログの引き合いを取るサイトとしては有効だったので、カタログ事業の清水のところに、移管することにしました。現在はグループ会社のスタートライズが運営していて、読者も増え続け、今では4万人のメルマガ会員にまで成長しています。

■新規営業ビルダー

『日経情報ストラテジー』というシステム関係の専門誌を読んでいたら、大塚商会さんの記事が出ていました。以前は気合と根性の営業スタイルだったが、訪問および商談履歴をシステムでマネジメントすることで、格段に営業効率が上がったという記事でした。タイミングは訪問時にOA機器のリースの期間を聞いて、その数ヶ月前にアラートすることや、窓口・決済ルートや各社の課題も商談履歴を残すことで、担当変更になってももれ抜けが激減したとのことでした。

これにはすごく共感しました。自分も、RJCの新人のときは、横浜営業所に配属でした。一日かけて小田原の会社に新規営業にいった際、全くキーマン（決裁者）でない人と会ってしまい「時間の無駄だったな」と思い帰社して先輩に会った人の名刺を見せると、「この人に会っても無駄だよ！」といわれて、悲しい思いをしたのを思い出しました。電話での営業も担当者の名前がわかるだけで、窓口の突破率が全然違います。商談も前もってその人の属性や会社の課題がわかっているほうが盛り上がりますし、受注率も格段に上がります。

日本は欧米と比べて、ホワイトカラーの生産性が低いといわれています。特に自分が中小企業の経営をしていて、営業部門の生産性の向上が肝だと思っていました。そんなときにこの記事を読んだので、

「自分の考えている営業の仕組みを、この大塚商会のようなシステムをつくって自社の生産性向上はもとより、中小企業の営業の生産性向上に役立つものを創りたい！」

と強く思うようになりました。しかしうちにはSEがいません。人材紹介会社に依頼しても、紹介が全然ありませんでした。同封広告の代理店ではあたり前ですが、来るわけがありません。

そんなときにSEのキャリアをもった能登が「将来の起業のために、ベンチャーで営業を経験したい」と応募してきました。入社当初は、前述のカタログ事業の立ち上

げのメンバーとして活躍してもらい、カタログが落ち着いたころにこの構想を話し、まずは自社の営業支援システム「イントラくん」の開発に着手してもらいました。次に大手化学メーカーの経理の女性の山本さんが、同じく営業で応募してきましたが「東大工学部」と書いてあったので、「頭がいい理系であれば、ＳＥになれるだろう」との安易な発想で僕の構想を話すと、共感して入社してくれました。見込みどおり山本さんは、すごいスピードでプログラミングを習得していきました。

能登と山本さんが中心となって、社内システムの「イントラくん」がついに完成しました。社内の営業マンの浸透には当初苦労しましたが、徐々にシステムの効果で、営業効率は格段に上がっていきました。

そろそろこのシステムを当初の構想である外部のお客さんにも販売したいと思い、事業化のメンバーとして最初に応募してきてくれたのが、大手ゲームメーカーでゲームセンターの店長をしていた下山でした。「将来起業したいので、新規事業を立ち上げたい」とのこと。システムは未経験でしたが履歴書に「早稲田大学理工学部」と書いてあったので、プログラムは山本さんと同じようにすぐにキャッチアップできるだろうと思い、この事業にジョインしてもらいました。想像以上に早く独学でプログラムを習得し、プログラミングができる営業マンとして、入社当初から活躍してくれました。

最初はうちの同業である広告代理店などを中心に、うちと同じ課題があると仮説をたて新規・既存営業の顧客リスト管理および商談管理システムとして売り出しましたが、あまり売れませんでした。広告業界は属人営業をしている会社が多く、情報共有の文化がそもそも無いのと、新規営業にも力を入れている会社が、意外にもあまりなかったのです。むしろ案件の管理のほうがニーズが強いとわかり、そちらの機能を充実させましたが、この分野はセールスフォースを筆頭にたくさんのシステム会社が参入しており、まさにレッドオーシャン（過当競争）でした。

試行錯誤を繰り返すなかで、この事業の責任者である下山が当初考えていたターゲットである広告・マーケティング業界ではなく、ＢｔｏＢの新規開拓をしている会社に方針変更をすることにしました。システムも新規営業に特化したものに作り変え、名前も「イントラくん」から「新規営業ビルダー」に変えました。新規営業に特化をしたシステムがあまりなく（ブルーオーシャン）、ターゲット変更があたりました。今では大手から中堅・中小まで１００社以上の営業部門に導入されていて、近々下山が代表でスタークラウドという社名で分社化する予定です。

前半でも書きましたが、新規営業ビルダーのコンセプトでもあるので書いておきます。**新規開拓に営業力はいらない、見込み客リストとタイミングが重要です。リスト７割タイミング３割です。**リストは自社に長期にわたって売上のある顧客の属性を分析し、その属性に近い顧客をリストアップします。拙著ダイヤモンド社刊『ニッチメディア広告術』で詳細は書いてありますので、ご興味ある方はそちらを読んでいただければ幸いです。タイミングは見込み客リストのランク分けと、そのランクごとのアプローチ設計がひとつの肝です。

例えばうちの同封広告の代理事業であれば、メインのお客さんが通販会社なので、広告をたくさんやっている通販会社はＡランク、広告を見たことがあるレベルはＢランク、広告を見たことが無ければCランクとします。Aランクは自社の営業マンが最低一ヶ月に1回はアプローチ、Bランクは3ヵ月に1回、Cランクは営業からはアプローチせず、会社から定期的にダイレクトメールを送ると決めます。それがちゃんと実行されているかをシステムで管理するのです。

商談およびアプローチしたときの話した内容を、記録化することも大事です。ただなかなか営業マンは、システムに入力をしてくれません。「いろんな入力項目があって面倒くさい」「本当に見ているかわからない」「自分にメリットがない」など理由はさまざまです。

日報は書きたくないのにfacebookを一生懸命書くのはなぜだろう?「いいね!」・「コメント」のように見た人からの反応があることが一番大きいと、自分でやっていて気づきました。人間は承認の動物です。僕も「いいね!」・「コメント」が一番のモチベーションです。入力画面も大事です。うちのシステムも当初はあれこれと詰め込みすぎて、ひとつの商談の入力項目だけで、10個近くもありました。これでは入力する気が失せます。facebookのようにシンプルでないといけないと思っています。このシステムはfacebookのようなインプット・アウトプット画面にしたことも、導入企業が継続して使ってくれている大きな要因だと思っています。

■まとめ

とにかくたくさんの新規事業を立ち上げました。そのなかで少しでも体系化できたらと思い、留意点を項目化してみました。

■市場

■ニーズ

■ビジネスモデル

■センターピン

■売れる仕組み

■参入障壁

■市場

学生時代はお金持ちになりたくて、お金持ちの神様で有名な、邱永漢さんの本もたくさん読みました。その本のなかで「何でこの人はこんなに優秀なのに、事業がうまくいっていないのだろう。何でこの人はたいして頭もよくないのに、うまくいっているのだろう。よく不思議に思っていました。あるとき理由がわかりました。うまくいってない人は印刷会社の人が多く、うまくいってる人はサラ金をやっている人たちでした。**成功するには能力よりも、何をやるかが重要だということです**」と書いてありました。

広告ニュースのときにも思いましたが、同じパワーでより成果がでる市場で仕事をやることが、成功の確率を上げる第一歩だと思います。**成長市場であり、競争が激しくないところが一番最適です**。なかなかそんな美味しい市場は少ないですが、ニッチであればあるほど、見つかる可能性が高いです。

■ニーズ

市場（ある特定の顧客の集団）と同じくらい大事なのが、ニーズです。ラインチェンジャーも「ホテル・会社の電話でインターネットにつなぎたい！」という明確なニーズがあったので無名のベンチャーの商品でも、売れたのだと思います。同封広告も「ターゲットに確実に届くものに、広告を同封したい」という強いニーズがありました。**強いニーズがあるものは、極論営業力は必要ありません。そのサービスを求めている人に確実にマーケティングすることが、成功の秘訣です。**

うちの社内でも「あったら便利は売れない！　無くては困るものを創ろう」と口をすっぱくして言っています。**「困ってる」を見つけたら事業の半分は成功**だと、思ってます。**このニーズを掴むために、顧客接点は非常に重要です。**うちが直販にこだわるのも、このニーズという大事な情報が入ってくるからです。

■ビジネスモデル

どこでお金をもらうか、は重要です。新卒で入ったRJCは前金で業績不振になり、成功報酬で大躍進しました。求人広告もガリバーのリクルートがあるにもかかわらず、リブセンスという成功報酬の会社がでてきて、あっという間に一部上場しました。これからの時代、最初に**顧客にメリットのある顧客起点のビジネスモデル**が、成功の大きな鍵だと思います。

サービスの主体ではなく、周辺で利益を出す方法もあります。安売り競争ですごい牛丼も、牛丼本体の値段はすごいことになっていますが、卵はスーパーの5倍で売られています。ソーシャルゲームもゲーム自体は基本無料で、武器などのアイテムで利益を出しています。ＥＣのショッピングモールも世界Ｎｏ・１のタオパオは、楽天市場と違って無料です。広告やプレミアサービスで利益を出しているのです。本丸のサービスは集客とわりきっている、ビジネスモデルです。

ＨＰ制作でも書きましたが、顧客から継続して売上をもらうことも重要です。経営者は一回限りのフロービジネスよりも、継続してお金をいただける通話料のようなストックビジネスのほうを好みます。売上の見込みがたてやすいからです。

■センターピン

ボウリングのセンターピンのように、「これを倒せば全部倒れる」というビジネスの勝つために絶対に押さえておくべきポイントがセンターピンです。消費者金融のセンターピンは、安い金利ではなく知名度だそうです。銀行系消費者金融でＮｏ．１をとったモビットは、初年度に資本金の半分をテレビＣＭに使ったそうです。確かに知らないところからは、お金を借りたくないですよね。

乾電池は持続力ではなく、電池を使う商品の横に売り場を確保することだそうです。この戦略でデュラセルは世界Ｎｏ．１をとりました。確かに自分も、息子の仮面ライダーのベルトを買ったときに、ベルトの横に置いてある電池をついでに買ったのを思い出しました。立ち食いそばのお店も、味や値段ではなく立地だそうです。大手そばチェーンの一番の投資は、不動産会社へ払う情報提供料だそうです。

■売れる仕組み

気合と根性で売る時代は終わりました。社員の離職率が高い会社は、売れる仕組みがないところが多いです。会社が大きく成長するためにも、売れる仕組みが本当に大事です。

最初にお客さんとの接点を持つ、エントリー商品がポイントです。外車ディーラー大手のヤナセが苦境に陥ったのは、フォルクスワーゲン（ＶＷ）からオペルに切り替えたことだそうです。当時ヤナセの収益源はベンツでした。外車に興味がある人は、いきなりベンツを買うお客さんは少なくて、まずは手ごろなＶＷから乗り始めて、次の買い替えでベンツを買うという流れだったそうです。それがオペルになったことで、外車エントリーの顧客接点を失ってしまい、ベンツまで売れなくなってしまったそうです。僕もパーティー券が売れたのは、合コンというエントリー商品があったからです。未来のロイヤル顧客と初期段階で接点をもつ、エントリー商品が企業の発展には重要な位置づけです。

弊社グループでは、化粧品・健康食品の通販会社が一番のお客さんですが、スタートアップ時は、なかなか広告予算が少なく接点が持てませんでした。最初の段階で接点をもつために、ＴＥＭＯＮＡ株式会社さんの通販システム「たまごリピート」を独占で販売させていただいています。「たまごリピート」は化粧品・健康食品の通販会社の通販システムでは業界Ｎｏ．１なので、引き合いも多く、月に多いときで新規に20社ほど導入いただいています。導入企業も４００社以上あり、その顧客群から、未来のロイヤル顧客がでてくることを願っています。

弊社サービスのほとんどが実は「売れる仕組み」です。「売れる仕組み」をいろいろ創っていくなかで、会社が成長してきたと思っているので、それをいろいろな企業にご提供することで、一緒に成長できる関係が創れると思っています。

■参入障壁

この本でも何度か、「参入障壁」がないことで競争が激化し、事業そのものが立ちゆかなくなることを経験しました。日本の家電メーカーの苦境も、ここに大きな理由があると思っています。これも顧客起点の考え方が大事で、簡単にスイッチングされないことが大事です。

この成功例が粉飾決算で社会的にも苦境に追い込まれた、オリンパスの内視鏡事業です。本来あれだけの不祥事をおこせば顧客離れはまぬがれませんが、医師からすると学生時代から使っていて、手に馴染んでいるので代えるに代えられないそうです。一歩間違えば人命にかかわるだけに、確かにスイッチングは容易ではありませんよね。

■新規事業コンテスト「コロンブス」

年に2回、新規事業コンテスト「コロンブス」を実施しています。「市場」「ニーズ」「商品・サービス」の項目で事前選考を行い、通過者は全社員の前で自分の案を発表します。発表後にその場にいる全員で投票し、順位が決定します。過去7回実施しており、今年（2014年）は過去最高の7割以上の社員が応募してくれました。コロンブスから事業化されたものはいくつかありますが、残念ながら今のところうまくいったものはありません。

ただ回を追うごとに、質量ともに向上してますので、近い将来ここからグループ会社が出ることでしょう。今回から誰でも気軽に応募できる「フリー」部門と、真剣に起業を考えている「本気」部門とに分けました。本気部門で入選すると、僕が主催する「起業塾」に参加できます。そこを無事卒業できれば、500万円の出資または貸付（無担保・無利子）の権利を手中にできます。自分の周りに普通に起業家がいることが、起業文化を創る大きな一歩だと信じています。

「コロンブス」での１コマ。

今後については外部の人にも開放して、コロンブスを開催する予定です。

第三章　グループ会社の創業者たち

渡邊敦彦（ワンスター創業者、ファインドスター取締役）

1981年生まれ。愛媛県出身。武蔵工業大学（現 東京都市大学）工学部建築学科卒。2005年に株式会社ファインドスターに入社。ダイレクトマーケティング事業部にて営業職に従事。

2007年にマガシーク株式会社に入社。マーケティング部にてメディア担当に従事。

2008年に株式会社ワンスターを創業。代表取締役に就任。

現在は、株式会社ファインドスター、株式会社ワンスター、スタークス株式会社の取締役として3社で行う通信販売支援事業の統括責任者に従事。

「芸術家に憧れた10代と病気と向き合った大学時代」

中学生の時に母親が一冊の本をくれました。

大竹伸朗さんという芸術家が書いた『カスバの男』というモロッコ旅行記です。読み始めて数十ページで後頭部をバットで思いっきり殴られたような衝撃を受けました。

こんなにも表現とは自由でいいんだ、と。

そこから芸術の世界にのめり込むようになりました。

高校時代は写真部と美術部に入ってました。

適当に撮った写真を学校の暗室で焼いて、そこにペンキでペイントする、みたいな。

真面目にデッサンしている美術部員に対して、

「これがアートでしょ」って、結構恥ずかしいことをやっていました。

そんな高校生だったので、当然美大に進学したいと考えていましたが、
高校3年の春に「美大はデッサンの試験がある」ことを初めて知りました（笑）。

なぜ美術部員があの芸術性を全く感じないデッサンをモクモクとやっているのかを理解しました。

なので、すぐに路線変更です。もう美大は無理。今更間に合うわけがない。

結局芸術家になりたいなんてのはその程度の夢だったわけです。

次に目をつけたのが建築の世界でした。これも書店で安藤忠雄さんの本を目にしたのがきっかけです。

「光の教会」という建築の写真に感動しました。これだ！　と（笑）。しかも建築学科にはデッサン試験はない。

これで建築学科に進学することを決めて、自分の夢は芸術家から建築家に変更し、さっさと推薦で大学を決めて、安藤忠雄さんの建築を見てまわる一人旅に出て高校を卒業しました。

この頃は要は自分が「かっこいい」と思えるものを目指している自分でいられればよかったんですね。

（今も同じかもしれませんが）

大学はすぐに落ちこぼれましたね。そもそも上っ面の憧れで入った建築学科ですから、本気の奴らを目の前にして、勝てるわけがないと早々にリタイアしてました。

20歳のある日、重度のアトピー性皮膚炎になりました。

おそらく東京の空気と酷い食生活が原因だと思います。

上半身が爛れ、顔面が変形するくらい酷いものでした。

一日中痒みが襲い、睡眠も取れない。

徐々に衰弱していってちょっと死を意識した時もありました。

さすが親だと今でも思うのですが、あらゆる治療法を試しても悪化するだけだったのに、
親が見つけてきた病院で奇跡的に治りました。

本当に涙が止まらなかったですね。まだ生きていられることに感動しました。

それまでの怠惰な自分の生き方を心から恥じ、改心しようと極めて強く思いました。

大学を卒業したら海外に行こうと決めました。病気を克服したことでパワーが漲ってましたから、

何かに挑戦してみたかったんですね。

地球儀を眺めてニューヨークに決めました。海外なんてほとんど出たことないですし、そもそも目的もないですからね。どこに行っても良かったんです。

こういう時はベタな選択が外さないだろうということでニューヨークにしただけです。

でもニューヨークで過ごした時間はとても有意義でした。

「渋谷ではたらく社長の告白」

ニューヨークにはもっと長くいたいと思う反面、このまま楽しいだけの生活を送っていいのか、という疑問がありました。

なので、後ろ髪を引かれながら当初の予定通り一年間で帰ってきました。

帰国して一定期間は「日本で働く」ことに頭も体も慣れさせる準備期間が必要だと考えていました。

引越し屋、トラックドライバー助手、内装業助手、大工見習いなんかをやりました。

日給でもらえる仕事でその日の生活を成り立たせながら、最終的に腰を据えてやる仕事とはなんだろうか、
と毎日考えていました。

そんな時に一冊の本と出会いました。僕と同世代でギラギラしてる奴らがみんな読んだ本ですね。

当時住んでいた駒沢大学駅の書店で『渋谷ではたらく社長の告白』を見つけました。全身に鳥肌が立ち続ける衝撃を受けながら、全部立ち読みしました（笑）。

当時の僕は24歳だったわけですが、藤田社長がサイバーエージェントを立ち上げたのが24歳だったんですね。

これには驚きと言いますか、自分は一体何をやっているんだろうか、と呆然とするしかありませんでしたね。

「どんな仕事をしようかな?」「どんな会社に入ろうかな?」

そんなことで悩んでいた自分はなんて恥ずかしいんだろう、と。

同じ24歳で「こんな仕事を創ろう」「こんな会社を創ろう」と考えている人がいるんだ、と。

そこで「起業家」という言葉と出会います。これだ！　と思うわけですね（笑）。

芸術家から建築家と来て、起業家となるわけです。

絶対起業家になってやろう。これだけはもう妥協しないぞ、と。

「ファインドスターとの出会い」

僕のような大学を出て定職に就いていない人でも受けることができるベンチャー企業を受けてまわりました。

業種は全くこだわりなし。よくわからなかったですからね。

不動産ベンチャー、商社ベンチャー、ＩＴベンチャーなどなど、ベンチャーと名の付く企業なら何でも受けました。

そこにファインドスターの募集要項もありました。

「経験不問！　起業家輩出企業ファインドスター！」

これだ！　と思うわけですね（笑）。

「ここに行けば起業家になれる！（らしいぞ！）」みたいな感じで興奮したわけです。

内藤との面接は今でも鮮明に覚えていて、

「起業家になりたいんです！」と言うと、「なぜ起業家になりたいの？」と。

「起業家になって、故郷の愛媛に雇用を生みたいんです」と答えると、

「雇用を生みたいなら、うちで通信販売を勉強するといいよ」と。

「・・・・・・・。通信販売ですかぁ。はぁ」みたいな（笑）。全くノッてない（笑）。

でも嬉しかったですね。真剣に聞いてもらえたことが。

「この人は本当に起業家を輩出しようとしてるんだな」

と思いましたからね。

ファインドスターに入社してからは本当に仕事が楽しかったですね。
ちょっと営業が向いてたんでしょうね。
テレアポも苦にならないし、受注した時の喜びはたまらないし、
個人の成績が伸びていって社内でも期待してくれている感じが嬉しかったですね。
「自分が必要とされている」という実感が社会に適合していっている感じがして気持

ちが良かったですね。

そんな中である化粧品通販会社と出会うんです。

笹塚の雑居ビルにある社員10名くらいの企業だったでしょうか。

一つの広告が大当たりしたんです。爆発的に商品が売れていく。

たしか週1回定例会をやってたんですが、訪問するたびに新入社員を紹介してくださるんです。

たった半年で30名位の規模になりました。

この時にファインドスターを受けた面接で内藤が言っていた「雇用を生みたいなら通信販売だよ」の意味が理解できました。

ここから僕は通信販売というビジネスモデルにハマっていくんです。

「ファインドスターを去る」

とにかく通信販売をもっと深く勉強したい、という欲が出てきていました。

と同時に、通信販売で起業したい、とも思うようになっていきました。

その為には、通信販売事業者側を経験すべきだ、と。

本当に幼稚で浅はかだったと今では思うのですが、

「ファインドスターを辞めようと思います」と会社に伝えました。

そこには当然多少の後ろめたさもあったのですが、
それ以上に「早く通信販売を勉強して起業したい」という思いが先行していました。

社会人経験もない僕を拾ってもらったこと、育ててもらったことへの感謝は薄いものだったと思います。

それでも「またいつか一緒に仕事をしよう」と気持よく送り出してもらいました。

転職した先は洋服をインターネットで販売する企業でした。

これからはインターネット通販の時代だろう、とは思っていました。

しかし、通信販売をもっと深く勉強したいという願いは叶っているものの、
どうやって起業するか、については答えが出ないままでした。

「サイバーエージェント藤田社長は24歳で起業しているのに僕は26歳になってしまった」

焦りばかりが出てしまい、仕事でも空回りしてしまうことが多くなっていました。

そんな時に（当時）ファインドスター取締役の佐竹（現 ターゲットメディア代表取締役）と食事をする機会がありました。

「今度ファインドスターでもインターネット通販をやってみようかという話があるんだけど、興味ある？」

なぜ神はいつも行き詰まった僕に優しく手を差し伸べてくれるのでしょうか？

「当然興味あります！」

「あ、そう。じゃあ、今度内藤さんに会ってみてよ」

久しぶりに内藤と会いました。内藤は開口一番こう言いました。

「お前は通信販売がやりたいの？　それとも社長がやりたいの？」

予想もしなかった質問でしたが、要は、

「お前はファインドスターの一事業としてでも通信販売がやりたいのか、それとも起業することにこだわるのか、どっちだ？」

ということだったのでしょう。即座に「社長です」と答えました。

とにかく「社長になりたい。起業したい」という僕に対して、内藤は「じゃあ、ビジネスモデルは何でも良いよ。出資するよ」と決めてくれたのでした。

「ワンスター創業」

２００８年10月に株式会社ワンスターを創業しました。

創業まもなくファインドスター時代に一緒に仕事をした千葉（現 ワンスター代表取締役）も参画してくれ、２名での船出でした。

モバイルショッピングモールに出店し、化粧品やアパレルなど色んな物を販売しましたが、全く上手くいきませんでした。

売上は順調に伸びるのですが、肝心の利益が出ません。

コストを削りに削ってみるのですが、それでも利益が出ません。

僕と千葉の給与を15万円にしているのに、毎月の赤字が60万円程出る。

あっという間に５００万円あった資本金は底をつきかけました。

こうなってくると、誘った千葉にも顔が立たないし、
当然初めて出来たグループ会社に対して興味を持ってくれてたファインドスターメンバーも、

「何だか大変そうだなあ」という雰囲気になってきて、だんだん卑屈になっていきましたね（笑）。

惨めでかわいそうなやつだと自分で思っちゃってるわけなので救いようもないわけです。

徐々に会社には顔を出さなくなり、自宅で作業するようになり、会社のイベントにもちょっと顔出して帰る、といったとても子供染みた行動をしていました。

内藤との関係もうまくいくはずがありません。

出来る限り会話することを避けて仕事をするようになりました。

そんな時に内藤に呼び止められてこう言われました。

「ビジネスって難しいだろ？　一つだけ言っておくぞ。俺は事業に金を出したわけじゃない。お前に出したんだ」

この言葉は胸を打ちましたね。

（これはその後のＦＳＧ経営の基礎を築いた名言ではないですかね（笑））

「ああ、自分はまた裏切ろうとしてたんだな」と思いましたね。
そこからもう一度ギアを入れなおして事業を考え始めました。
なぜ今のビジネスはうまくいかないのか？
徹底的に考えました。そして、あることに気付いたんです。
「ビジネスモデルがどうこうの前に、俺の強みって何だっけ？」と。
「少ないビジネス経験の中で、唯一自信を持っているのは営業力だ。
　それを武器にしないで、どうやってビジネスの世界で戦っていこうと思うのか」
すぐにビジネスモデルの変更を決意しました。
ＢｔｏＢの営業を主軸にしたビジネスにしよう。
クライアントはこれまでどおり通信販売の会社にしよう。
ファインドスターとは違ってインターネット広告を売ってみてはどうか、と。
幸いなことに当時インターネット広告代理店は数あれど、
通信販売業界をメインに扱っている代理店はありませんでした。
なので、テレアポをしてもみなさん興味を持って会ってくださる。
会っていただけるので、今何に困っているのかを話してくれる。

困っているものがわかるので、何が売れるのかが分かる。

ここから少しずつ光が見えてきました。

1期はボロボロの赤字決算だった会社が、
2期に年商1億円、営業利益1千万円になりました。

ここから3年間は快進撃が始まりました。

翌年は年商4億円、翌々年は年商12億円と成長していったのです。

この成長にスピードを生み出したのは、マーケットが良かっただけでは当然ありません。

現在のFSGのグループ経営の強みである
「ヒト、モノ、カネ、情報のグループ共有」
という考え方が決定的に効果を発揮しました。
踏むべきアクセルを踏むために足りないものをグループ間で補うという考え方です。
ワンスターの場合は特に採用に苦しみました。
採用したくても誰も受けてくれない。あまりにも知名度がなさ過ぎました。
自分たちはこのビジネスはいけるんだ、と確信していても、それは就活生や転職者には伝わりません。

事業をフォーカスしてとことんニッチにやってますから。

そんな時にファインドスターは大事な人材を欲しいだけ送り込んでくれました。

彼らが創業期のワンスターの原動力となったことは言うまでもありません。

現在は採用力も上がり、過半数を自前で採用したメンバーで構成できるようになってきました。

しかし、最初に助けてもらえなかったら、間違いなく今のワンスターは存在しませんでした。

「大きなマーケットを創りたい」

24歳で起業家を志し、27歳でそれを実現し、5年間社長として経営を行ってきました。

沢山恥ずかしい思い、悔しい思いをした一方で、大きく自分の価値観を変化させてきました。

これまではとにかく自分が会社のトップであることが誇りでした。

背負った責任の分、自分は成長ができるんだ、と。

ただ、これにプラスして、ＦＳＧをもっと魅力的な企業体にしたい。

そして、仲間と一緒に新しい大きな市場（マーケット）を創造したい、という思いが芽生えました。

ファインドスターに入社した時、「故郷に雇用を創出するビジネスがしたい」と言いました。

今は自分の故郷にこだわるだけでなく、日本全国に、アジア全体に大きなマーケットを創って、
そこに関わる人たちが誇りを持って仕事をしながら生きていく。そんなことを手伝いたい、と思っています。

芸術家に憧れ、建築家に憧れ、起業家を志した10代と20代でしたが、
30代は事業家として、ＦＳＧに沢山芽生える新しいビジネスの芽を、
どんどんスケールさせていくことに専念していきたいと思っています。

佐竹正臣（ターゲットメディア代表取締役）

１９７５年東京都出身。法政大学社会学部卒業。広告代理店の営業職勤務後１９９９年株式会社ファインドスターに参画、２００２年取締役就任。２００５年マーケティング業界に特化したメディア事業を立ち上げ。２００９年７月、メディア事業部を分社化し、ターゲットメディア株式会社を設立、代表取締役就任。

はじめに

学生時代から起業を目標とし経営者となっている方が多くいますが、僕の場合は学生時代に起業を意識したことはありません。２００９年に会社を設立する日の半年前まで自身が起業をするとは思ってもいませんでした。

だからこうして、起業した一人として手記を書くとは思っていなかったし、特筆するエピソードがあるわけではありません。そのような僕でも起業家として、優秀な人を雇用できる立場になれるのですから、起業は特別な人だけができる、特別なことではないと思っています。

経験値

起業してから5年たった今でも学生時代の友人からは、「お前が社長をやっているのが信じられない」と言われます。「そんな才能があったのか」とも。いまだに僕自身経営者としての才能があるかどうかはよくわかっていません。ただ他の人よりも勝っているところがあるとしたら「経験値」だと思います。

ファインドスターというベンチャー企業において、営業からマネジメント、管理部門、新規事業の立ち上げ、事業の縮小まで多くの経験をさせてもらいました。振り返ると成功体験よりも失敗体験の方が多いと思います。起業後の僕にとって、この失敗体験が大きな武器になっています。誰もが同じ失敗は経験したくはありません。あの事業は何で失敗したのか、何がだめだったのかをとことん考え抜きました。あの失敗体験がなければ、今のターゲットメディアはないと思っています。

僕は起業するまで、ファインドスターに10年以上お世話になりました。設立3年目、5人目の社員として入社し、アーリーステージからミドルステージに成長していく過程を経験させていただきました。よくベンチャー企業にはチャンス（機会）が多いと言われていますが、「成長させてくれる仕事」「成長させてくれる人」「成長させてくれる経験」という都合がいいものはありません。そういった意味でのチャンスであれば教育制度と体制のしっかりしている大手企業の方が多いと思います。

僕自身がファインドスターというベンチャー企業での仕事を通じて経験したことは「自分で考え、主体的に行動する」ことにつきると思っています。僕はもともと積極的でハングリーなタイプだったわけではありません。両親のおかげで不自由なく育ちました。きっと大手企業に入社していたら、今とはまったく違った考え方をもち人生を歩んでいたと思います。ベンチャー企業体験を通じて僕が手に入れた一番大きなものは「依存しない生き方」だと思っています。それは間違いなく、ベンチャー企業が「なにもない環境&変化しなくては生き残れない環境」だからこそ経験できたものだと感じています。

何もない環境

1999年、ファインドスターに5人目の社員として入社しました。新卒で入社した会社を2年半で退職し、4人だけの会社に入社したときの周囲の反応は、僕の興奮とは相反して「そんな小さな会社に転職して大丈夫なのか?」というものでした。

当時僕が転職を決意したきっかけとなった出来事は、内藤さんからチケットをもらって参加したソフトバンクの株主総会と「孫正義という人がそこで話をする。孫さんの話に共感したらきてほしい」という内藤の言葉でした。当時ITリテラシーがゼロに等しかった僕は、孫社長の言っていることはおろかソフトバンクグループの事業展開もよくわかっていませんでした。ただ「こんな世界があるのか!」という感動と「この世界にいなくてはいけない！」という強迫観念に近い思いで、参加後すぐに「お世話になります」と伝えていました。

これは僕にやってきた1回目のチャンスでした。学生の方や転職希望者の方からいただく質問で「起業した理由」と同じくらい多いのが「転職のきっかけ」。皆、目的意識や意欲、キャリアプランを期待して質問いただくことが多いのですが、そんな大それたものはありません。面白そうだったので、やってみたいと思ったので飛びついただけです。チャンスをものにしようと思ったら、僕はこの感情が一番大切だと思っています。チャンスを目の前にしたらやりたいかどうかを考える前に自分にできるかどうかを考える人が多いと思いますが、物事を「何でもできることを前提」で考えていくと、チャレンジが生まれ様々な成功体験・失敗体験が生み出す可能性は広がっていくと確信しています。

そんな勢い勇んで入社したファインドスターには何もありませんでした。まず仕事がありませんでした。今思えば内藤さんからは「一緒にソフトバンクみたいな会社をつくろう」ということは話していましたが具体的にどんな仕事をする、ということは一切話しをしていませんでした。入社して「何か仕事がありますか?」という質問にかえってきたのは「ネットサーフィンでもしといて」という言葉でした。いくらITの世界にあこがれた僕でも会社に1日中いてネットサーフィンを1週間もしていたら飽きてきますし、まったく稼いでいないので申し訳ない気持ちになってきます。会社にいて仕事がない、ということはつらいものです。そんな時たまたま「企画書を書く」という仕事が大手広告代理店からまわってきました。内藤から「佐竹君、企画書かける?」と聞かれ、企画書なんて書いたことはありませんでしたが、仕事があることがうれしくて「多分書けます!」と答えていました。

ちなみにこのときパワーポイントなんて使ったことがなく、エクセルで作成して納品しました。出来上がった企画書をみた代理店担当者は「エクセルですか・・・」と唖然としていたのを覚えています。当時はその理由もわかりませんでした。

その後はすべてこんな調子で「システム作れる?」「事業計画書かける?」「プロジェクト事務局やってみない?」と色々な仕事を「やります!」の一言で受けていきまし

た。便利屋です。当時のファインドスターは内藤をはじめそれぞれのメンバーが商売を持っていたので僕も何かを持たなくてはと必死でした。すべてがはじめての仕事ばかりなので本を読みながら、社外の詳しい人に教えてもらいながらの繰り返しです。大変ではありましたが、「やってやれないことはないのだ」という小さな成功体験の積み重ねと「自分は新しいことにチャレンジするのが好きらしい」という発見をすることができました。体制、仕組みなど会社に「ないもの」を嘆く人がいますが、僕からするとそれは自ら作り出すチャンスと経験できるタネです。

事業の失敗

便利屋からスタートした僕は、その後ファインドスターで多くの事業に関わり、自ら事業を立ち上げる経験もさせてもらいました。携わった事業はＷＥＢ制作にはじまり、ＥＣ、ネット広告代理、ＷＥＢサイトのＭ＆Ａなどサービスも含めるときりがありません。それらの事業やサービスで今も残っているものは２つだけで、残りは撤退したり、他社に売却したりして今はありません。

つまりそれだけ失敗しています。しばらく内藤から「自分の次にファインドスターでお金を使った」といわれていました。振り返ると冗談でもない気がします。

こうした失敗経験の原因を振り返るといろいろでてきます。「失敗した一番の原因はなんだと思いますか」という質問をよくいただきます。「熱意と真剣さが足りなかった」と答えています。これだけ聞くと真面目に努力していなかったのかよ、という話になってしまいますが、当然そんなことはありません。ただ、真面目に努力するだけではだめなのです。顧客のニーズ、サービス内容、競争優位性、ビジネスモデルなど事業を成功させるために考えなくてはいけないことはたくさんあります。だけど、一番大切なのは「何故それをやりたいのか、何のために働くのか」ということだと思っています。僕は失敗した事業やサービスにおいてはここに真剣に向き合っていなかったのだと反省しています。

ターゲットメディアは自分たちが果たすべき役割を「mission」として定義し、「ＢｔｏＢ企業の新規顧客創造に貢献すること」と定めています。この仕組みを作ることができれば世のＢｔｏＢ企業とそこで働く人たちはもっと幸せになれると確信していま す。２００８年12月に立ち上げた「マーケメディア」というメディアはこうした思い を形にしたものでした。

２００９年にこのマーケメディアをＭＢＯさせていただく形で事業譲渡を受け、ターゲットメディアを創業しました。このサービスは、買収当時は赤字でしたが5年たった今主力事業に成長することができました。まだ発展途上ですが、僕にとってこの事業はまさに失敗体験をもとにした集大成だと思っています。

当事者意識

振り返ると、起業家志望でなかった自分にとって、起業・会社設立を決めたのは、「昇進したい」というのと似た感覚だった思います。楽しそうに仕事をする内藤を間近でみてきたこと、グループ会社の第一号として生れたワンスターを見てきたことが大きく影響していると思います。「人間は環境の動物である」とよく言われますが、その通りだと思います。僕にとって起業し社長になることは楽しい仕事環境を手に入れることであり、それを目指すということが自然な環境にいたことが大きかったと思います。まだ起業ということが特別視されることが多い理由は、単にその数が少ないことと身近でないことだと思います。

そんな僕が起業して周囲の人によく聞かれることが「社長になる前と後では何がかわった？」という質問です。「自由になった」といいたいところですが、一番は「当事者意識」です。当たり前ですが、社長になると会社の関わるすべてのことに対して責任が発生します。社員が抱える課題は僕にとっての課題になります。独立した1つの会社として日本社会に存在する以上、社会情勢や社会貢献にも意識が向きます。これは僕にとっては苦労したことでもあり、視野を広げる機会になりました。

起業リスク

起業することに対して「すごいね」という人が多いのですが、その言葉の裏には「リスクを抱えて大変だね」という意味合いが含まれていることが多いように感じます。リスクがあるかないかでいえばやはり、あると思います。会社が赤字を抱えて倒産すれば自己破産することもあるかもしれません。

アーリーステージにいる多くの企業がそうだと思いますが、事業計画書通りに成長できることはなかなかありません。僕たちも創業前に作成した事業計画書は「絵にかいたもち」そのもので、2年間は、事業計画書とはまったくことなる様々な仕事をして、文字通り「食いつないで」生き延びました。夢と希望にあふれて作成した事業計画書は見るのも嫌になりました。こうした時間が長く続くと、社内の雰囲気も殺伐としてきて喧嘩が頻繁に発生し、会話もなくなってきます。よくある話ですが、僕たちも経験しました。創業1年目で会社の夢は、「ＢｔｏＢマーケティング市場のリーディングカンパニーになる」というビジョンを達成することから、「生き残ること」に変わりました。起業に対してネガティブなイメージがもつ人が多いのは、こうした経験をしながらも生存できる確率が低いからだと思います。

転機となった雑居ビルへの移転

創業時は、ファインドスターのオフィスの一部を間借りさせていただきスタートしました。新たにオフィスを借りる手間や初期コストをかけずにスムーズなスタートを切るとこができました。創業メンバー5人のうち僕を含めて4名は、ファインドスターの社員だったため新会社はできたもののオフィス環境が変わらなかったので、「あまり変わらないね」と言い合っていたのを覚えています。アーリーステージで充実したオフィス環境や設備があることはプラスに働くこともありますが、僕らにとってはこの恵まれた環境がマイナスに働いてしまいました。「生き残る」ために必死にならなくてはいけない僕たちにとっては、自分達の置かれている立場と向き合わなくてはならない現実をリアルに感じるには贅沢すぎたのです。

当時営業会議をしていた時に、あるメンバーが「ファインドスターのように中長期的にみたらこういう活動をすべきだ」という問題提起をしてくれたことがありました。中長期的なことを視野にいれることは大切なことです。ただその時会社は、3ヶ月先の運転資金を心配しなくてはいけない状態でした。そんな先のことを考えられる状態ではなかったのです。

翌日からオフィス探しをはじめ、創業1年ちょっとで移転をすることになりました。トイレも男女共有の小さなオフィスでした。初めてオフィスを見たとき、社員は「いいですね、自分達の城ですね」と口では言ってくれていましたが、顔には「ここかよ・・・」という表情が浮かんでいました。社員だけでオフィス移転パーティを開きましたが、その時僕がいった挨拶も「ここから早く出られるように成長しよう」でした。

この移転が、僕たちにとっては第二の創業でした。自分たちが置かれている状況をいやでも認識することになったことは言うまでもないのですが、小さなオフィスに自分たちだけしかいないので、一人ひとりと向き合う機会が増えて連帯感も生まれました。性格も年齢もばらばらで個性が強いメンバーが多かったターゲットメディアにおいては大きな収穫でした。

僕は「身の丈にあった」という言葉を好きではありません。「身の丈」なんて誰が決めるのだ、と思っています。ただこのときは「身の丈にあったオフィス」という環境を創ることが、僕たちには必要でした。環境を創ることこそが成長の源泉だと感じた経験です。このオフィスも２０１０年に移転をし、現社員数の４倍は入るオフィスに移転しました。今はこのオフィスに見合う人数の仲間を増やすことに必死になっています。

すべては人が生み出す

前述の通り、ターゲットメディアという会社は僕も含めて5名のメンバーでスタートしました。設立当時監査役としてはいってもらった友人からは、「スタートアップにしては人が多すぎだ」といわれました。買収した事業が当時月間の売上30万円（人件費や借金も含め販売管理費が２５０万円くらい）しかなかったのでそうアドバイスしてくれたのは当然だと思います。

確かに、人数が多かったため人件費がかさみ苦しんだことは事実です。ただ、これだけメンバーが設立当初からいたからこそ今の成長を創ることができたと思っています。１人で会社をスタートする人は多くいますが、僕は１人ではじめるよりもアルバイトでもいいので誰か１人だけでもいいので複数でスタートすることをおすすめします。自分のためだけに頑張れるひとは多くはないと思っています。すべての経営者がそうだと思いますが、僕にとって４名の雇用は絶対に守らなければならないものであり、同時に僕を支えてくる存在でした。この存在は大きいです。その後新たにメンバーが増えるたびに、設立してからのこの５年間で会社組織も事業モデルも大きく変わりました。これを作ったのはその時々で一緒にすごしてくれたメンバー達です。営業が得意な人、企画を考えるのが得意な人、マネジメントが得意な人など得意分野というのは人さまざまです。成功している会社というのは、経営者にフォーカスされて語られることが多いのですが、経営者がすべて創っているわけではありません。

特に僕のように、強烈な起業家志向をもっていたわけではなく、人より抜きん出たスキルをもっていない人間が利益を継続して生み出す会社の経営者でいられるのは、会社に価値観を同じくしたさまざまなスキルを持った人がいて、そうした人が増えてくれるからだと実感しています。

だから、起業家や経営者というのは職種だと思っています。営業、技術、経理などの職種同様「役割」だと思っています。経営者の仕事とは、働く人がそれぞれのもつ潜在能力を発揮できる環境を創りだすことであり、成長できる場や市場を生み出すことだと思っています。ＦＳＧという場は、そうした環境を生み出す仕組みでありたいとおもっています。

清水宏（スタートライズ代表取締役）

１９７２年名古屋市出身。愛知学院大学法学部法律学科を卒業後、南イリノイ大学カーボンデール校で政治学および組織コミュニケーション学を専攻する。

貿易会社から転職

大学時代は、とにかく海外に行きたかったです。英語もしゃべれて、商社か国連にでも就職できればカッコいいだろうな、と本気で思っていました。

だから、日本の大学を卒業した後に、アメリカ留学してしまいました。南イリノイ大学では、政治学と組織におけるコミュニケーションについて勉強しました。

国連に行くには国際政治を学んだほうが有利だろうと思い政治学を、英語を磨くにはコミュニケーション学を学ぶことがいいと思い組織コミュニケーション学を専攻し、英語学校を含めると2年8ヶ月アメリカ大学生活を満喫しました。

国連に行くには最低修士号がないと仕事を得ることが難しいことがわかり、更に2年勉強するのは時間の無駄だと思い、25歳の時に、大阪にある、売上高50億程度の専門商社に就職しました。この商社は海外の電気炉メーカー、乾電池メーカーに対して部材を販売したり、先方の最終製品を日本に輸入することが主たる事業でした。

私が関わった業務は、電気炉メーカーに対して、日本メーカーの耐火レンガや外国の石炭や原料などを販売することでした。取引のある海外電気炉メーカーはインドネシア、シンガポール、エジプトになり、年の半分はこれらの国に滞在し、サプライヤーのメーカー担当者と一緒に工場で新商品のテストあるいは商談をしていました。仕事は大変でしたが、暇を見つけていろいろな場所に行きました。エジプトでは、メーカー担当者を連れて、ピラミッドに観光で行ったことはいい思い出です。

海外営業も楽しかったのですが、インターネットが台頭してきているので将来的にはこういう貿易がらみの商売は急速になくなるのではないかと思っていました。エジプトのカイロで仕事をしている時に、ナイル川のほとりで散歩をしていると、イスラムのお祈りの音楽が流れ、それを聞いていると理由もなく「このままではダメなんじゃないか」と思い、「インターネット業界に行ってみよう」と決意しました。人生の戦略があったわけではなく、あてもなく決心だけしてしまいました。

ただ、エジプトの後に直ぐにインドネシアとシンガポールに行く必要があったため、実際に退職をしたのはこの決意から8ヶ月後のことです。

インターネット業界なら、大阪ではなくやっぱり東京だと思い、就職先が全く決まっていませんでしたが、マンションを引き払い、東京に行きました。

東京についたら直ぐに住む場所を決めて、とにかくネット関連企業を探そう、と手にとった『B－ing』で見つけたのがファインドスターでした。見開き2ページで求人募集の広告を見つけたのです。

人材紹介会社も活用し、ファインドスター以外にも5社ほど面接をしましたが、他は全て受かったのですが、このファインドスターのみ面接で落ちてしまったのです。

他の面接では普通に面接官の質問に対して答えていたのですが、このファインドスターのみ、面接官である社長の内藤が1時間くらいひたすらしゃべっていて、面接というより話を聞くだけで終わってしまいました。

この面接にて、内藤が、「ファインドスターは、将来大きくなったら、インキュベーション的なことを始めて、これから起業しようとしている人間を支援する」といっていたことは非常に印象的でした。当時はまだ10名くらいの小さなオフィスで大きな夢を語っていたので、面白いことを言う人だなと思いました。

この面接では、自分のことを伝えられなかったので、まぁ落ちてもしょうがないと思っていました。

仕方がないので別に決まった会社に就職しようか、あるいはこのまま就職活動を続けるかどうか考えている時に、ファインドスターの当時の役員から「よかったら来ないか」というメールをいただき、再度面接を受けることになりました。

面接といっても、簡単な会話で、今日内定者と一緒に焼き肉を食べに行くのでどうかと役員に聞かれて、では行きますと即答したことで、ファインドスターの入社が決定しました。

再面接の理由を後日知ったのですが、内定者の1人が交通事故で骨折して来られなくなり、私が内定をもらうことができたのです。つまり補欠の繰り上げ入社です。起業するかどうかは分かりませんが、新規事業をやってみたいという思いはあったので、入社できて嬉しかったです。

「ニッチメディアカタログ」に関わる

2001年4月に入社しました。この当時WEBサイト構築がファインドスターの主な事業でしたが、私だけ、カップリングパーティー情報誌『Party Jam』

の営業をやっていました。

当時、携帯電話（ガラケー）の出会い系サイトで主婦と高校生の間で殺傷事件があり、「出会い系は危ない」という世論が席巻していました。だから、カップリングパーティー情報誌に出稿するなんてとんでもない、というようなことをクライアントからよく言われました。また、更にこの情報誌は鞄の中に入れて持ち運べるように誌面が小さかったため、クライアントは既存の広告原稿を作り直す必要がありました。タダでもいいから載せませんか、とクライアントにお願いしたことも何度かありましたが、この無名な情報誌のためにわざわざ広告原稿を作り直すのが面倒だ、とも言われました。

数ヶ月間営業をしましたが、1件も成約できませんでした。この時、ニーズがない商品はタダでもやらない、タイミングを逃したら全くビジネスとして成り立たない、ということを痛いほど学びました。（もちろん、営業力の問題だというところも多分にありましたが・・・）

思わしい成果を上げなかった時に、ファインドスターも非常に厳しい状況でした。私が入社した時くらいからＩＴバブルが弾けて、更には新規参入者が続々と増えていったので、ＷＥＢサイト構築の単価がドンドン下がっていきました。そのため、同じ案件数では利益をあげることが非常に難しかったのです。

こういう厳しい経営環境の中でも、成果が出ないからと言って採用した人材を簡単にやめさせるのではなく、辛抱強く使い続ける懐の深さが次につながってくる、ということを私も人をマネージメントする立場になった際に、思い知らされました。

このような厳しい状況の時に、この『Ｐａｒｔｙ Ｊａｍ』の当時の大口クライアントである結婚相談所の1社から、請求書にチラシを入れられる媒体があるなら直ぐにお金を出すよ、という引き合いを内藤がもらいました。さらに広告代理店に勤めている内藤の友人が大手石油会社（コスモ石油）が発行しているカードの請求書にチラシを入れてくれる広告主を探していたのです。渡りに船です。

５００万円くらいの案件があっという間に決まりました。当時ではこの５００万円はすごく大きな売上で、ＷＥＢサイト構築で５００万円の売上というと制作に２ヶ月間くらいかかる大きな案件でした。

それが一瞬で決まり、ＷＥＢサイト構築に比べて手離れがいい。お客さんが喜んでこちらも儲かる、これはすごいよねと個人的に思いました。

ただ、ＷＥＢサイト構築が主体の会社だったため、これに続く人間は誰もいませんでした。更に、ファインドスターではＷＥＢサイト構築事業に取って代わるビジネスを開発するために、ＷＥＢを絡めた新規事業をいくつか始めていました。私も、個人的にも何か新しいことができないかと思っていました。

ただ、こんな偉そうなことを思っていても、私も案件がなく売上をあげることができない営業マン。何もすることがなかったので、『Ｐａｒｔｙ Ｊａｍ』の時に開拓をした広告代理店の中で、チラシに強い代理店の営業の方にチラシを同封する広告の話を聞きに行ったら、「これは売れるよ！」と言うではないですか・・・。

他の代理店の方にも聞いてみると、「ニーズありそうだから資料ちょうだいよ」と言われ、このチラシ広告はいけるのではないかと思いました。単純に、いいんじゃないか、売れるから資料をほしい、と言われただけなんですが。

このころ、ＳＥＯ（検索エンジンの上位表示支援サービス）などの検索エンジン周りの広告が絶対にくると思い、いろいろな会社に営業していました。ただ今と違い、当時はほとんどの会社がＳＥＯを売りにした営業を行っていなかったので、非常に先駆け的なことをしているという自信はありました。

クライアントがいない分、時間はたくさんあったので、とりあえずこのＳＥＯとチラシ広告をやっていこうと決めました。そこで、内藤にチラシの広告の営業をさせてほしいことを伝えると、快く返事がもらえました。

コスモ石油カードはガソリンスタンドを利用している石油会社のカードなので、全員が自動車保有者です。この利用者をターゲットとして一番広告出稿しているのは自動車保険業界なので、このあたりを営業してみたらどうかな、と内藤からアドバイスを受けて、おお、そのアイデアはいいかもと思い、電話で一件一件アプローチしました。

不思議なことに、当時のファインドスターのような超零細企業でもアポが取れるんです。この時、商品力と商品コンセプトが非常に重要だと思いました。そして「商品コンセプト＝わかりやすさ」ということに気が付きました。

このコスモ石油カードについては、コスモ石油というブランド、その顧客にダイレクトにアプローチができる。しかも絶対に見る請求書と一緒にチラシを入れられる、だから新聞折込、ポスティングのように「見ずに捨てられる可能性が低い」という商品コンセプトが当時から非常に受けました。

また、この商品コンセプトを表現する「一言」が非常に重要でした。当時内藤から、チラシ広告の世界においては他の折込チラシとポスティングとの区別がつかないとダメだから、「同封広告」と呼んでみてはどうだろう、というアドバイスを受けました。たまたま内藤が訪問した宝石の通販会社がこう呼んでいたのです。確かに請求書に同封されるから「同封広告」という切り口で紹介したほうが分かりやすい。それからはこの「同封広告」の名前で営業していくことになりました。

電話営業で相手が言葉の意味を分からなければまた名称を変えればいいから、まずやってみようと思いました。

実際には、この分かりやすい商品コンセプトと広告名によって、アポを取ることができました。自動車保険会社や自動車保険比較サイトを運営しているネット企業に数多く訪問しました。零細企業では会ってくれないようなビッグネームのクライアントに次々アポが取れたのです。

よさそうなクライアントについては内藤に同行を依頼して、いつも一緒に営業していました。内藤といる時間が親・恋人よりも長いのではないかと思えるのがこの時期でした。

ただ、さまざまな企業が「同封広告」に非常に興味を持ってくれたのですが、実施まではなかなか至りませんでした。当時、「同封広告」が非常に珍しく、実績がなかったからです。

営業を開始して3ヶ月間は全く決まりませんでした。会社の経営がますます厳しくなるのは、当時平社員の私でもよくわかりました。なぜなら定期購読していた新聞が止まり、社内の雰囲気もそれほど良くなかったからです。

ただ、「同封広告」を営業していて、ここは実施してくれないだろうと思っていた生命保険会社から連絡が入って、営業ってわからないものだよね、と改めて思いました。

条件がまとまり、あっという間に実施に至りました。1社が実施すると他の企業もやりたい、という話があがり、トントン拍子でクライアントが増えていきました。

もうひとつの柱であるSEOなどの検索エンジン周りの広告も同時進行で動いていましたが、こちらは時代よりも半歩早かったことが逆にネックとなりました。検索エンジンの上位に表示されることがいかに価値があるか、という認識が全くない時代でした。だから、その啓蒙活動も含めて営業するとなると、ちょっと厳しいと思い、こちらは断念しました。

ただ、断念したことを今では後悔しています。今のネット広告市場を考えると……。

また、他にもいろいろと新規事業をやっていたのですが、他の新規事業を撤退して「同封広告」に絞り込みました。

ただしひとつの商品（媒体）では限界があるので、この頃から同時に他の媒体の開拓も初めました。

媒体を増やして営業している時に、取引先のカービューーさんから「親会社のソフトバンクのＮｏ・２が会いたがっているから明日来て欲しい」と言われました。その場にいた内藤も即断で自分のアポを調整して、明日一緒に伺うことを伝えました。

その当時、ソフトバンクはYahoo!BBの普及活動に力を入れており、無料でモデムを配るためにいろいろな場所にパラソルを設置してキャンペーンを展開していました。このキャンペーンを展開する場所を開拓してくれないか、という依頼でした。なぜファインドスターなのかを聞いたところ、変わったメディアをいろいろと扱っているのを聞きつけて、ぜひ場所の提案をしてほしい、と。確かに、「場所」も「同封広告」も大枠では同じメディアでしたので、全く実績がないにもかかわらず、その場で提案することを約束しました。

当時のソフトバンクも凄まじく、ドンドンやるので、ドンドン提案してほしいということで、「同封広告」の開拓をやめて「場所」の開拓に走りました。

提案すればするほど決まる状態が半年間ほど続き、赤字で危険な状態から息を吹き返してきました。

このことから、人の縁が非常に大切なことを学びました。カービューの社長がソフトバンクのグループ会議で、モデムを無料配布する場所集めについて話し合っている時に、コスモ石油カードなどの変わった媒体を持ってきた会社（ファインドスター）について話をしたようで、そこからのつながりでファインドスターに白羽の矢が立ったそうです。

また、即決即断でやればできるという気合も場合によっては重要だ、ということも学びました。あの場で、「絶対にできます」と自信を持って言えなければ、この時のチャンスを掴むことができなかったと思います。

この頃、「同封広告」で新たに人を採用するかどうかで内藤とは喧嘩をしていました。まだ、「同封広告」でリピートしてくれる固定客がほとんどいなかったためです。ちょうど、長期でリピートしてくれそうな会員制リゾート会社が「同封広告」のテストをしていたので、ここでリピートしてくれればこのビジネスは事業として大きくなる、と確信していました。単発のみでは、事業を継続することは難しく、WEBサイト構築と同じで脆弱なビジネスモデルになってしまうことを危惧していました。今思えば、社長と喧嘩ができるほど自由に発言できる環境がファインドスターにあったということです。起業していく人間を支援していく、という内藤の理念が社風になっていたのです。

結果的には大成功して、リピートしていただきました。人材の採用はタイミングの問題でした。ただこのタイミングが重要だったのです。私はこの頃、採用に全く関わっていなかったのですが、零細企業が人を採用するには長い時間がかかるのです。ここから「同封広告」が拡大していくのですが、このギリギリのタイミングで人を採用するということがいかに大切かを学びました。

リピートしてくれる固定客が増え始めた頃、今後通販を展開する可能性もあるので、通販について勉強するために出向するのはどうだろう、という話を受けました。ちょうど「同封広告」が立ち上がってきて、事業が回り始めていたので新しいことに挑戦するために、通販企業へ出向することになりました。

この出向先で学んだことは、卸の勉強ではなくて、「企業カルチャー」と「社長」が重要だということです。この2つは事業を成功させるために最低限必要な条件だと思いました。

様々な新規事業に再び関わる

ファインドスターに戻ってきて、また新規事業を担当することになりました。もっとも事業が立ち上がっている「同封広告」には興味が薄れていたので、私としても良かったです。

今度は、比較サイトの立ち上げでした。いろいろな比較サイトを立ち上げましたが、うまくいきませんでした。なぜなら、どの企業もお金がない。広告あるいはお客を集めるのに「費用をかけてまで実施する」という概念がなかったからです。

ただ、いくつか立ち上げたサイトの中で1つだけうまくいったサイトがありました。それはネットリサーチです。この業界のみ、広告費を払ってでもお客さんを集めたかったからです。

当時、リスティング広告の普及が徐々に始まっていました。このリスティング広告では、ネットで物事を調べるときの検索キーワードごとに入札制で広告が出せる、という素晴らしいスキームで、このキーワードに払う単価が高いサービスの業界に対してアプローチしたら喜んでお金を払ってくれる、と思いました。なぜなら、リスティング広告はクリックに対して企業が課金するものの、肝心のお問い合わせに対して課金されるわけではないからです。

そこで、お問い合わせに対して課金する比較サイトならリスクがより低減されるため、キーワード単価が高い業界ほど売れると思いました。同時に3つのサイトを立ち上げました。ちょうどその時、ニッチメディアの広告情報のデータベースを立ち上げ始めていたので、そちらを担当することになりました。

比較サイトは別の担当に引き継ぎました。一時期はかなり利益が出たようですが、徐々に落ちてきました。

理由として、競合が数多く参入してきたからです。ここでの学びは、参入障壁が低いと競合他社が数多く入ってくるため、単価が下がること、この比較サイトのビジネスモデルとして集客する方法がリスティング広告で、他社にも簡単に真似をされてしまえば、もはや集客できなくなるということです。

ニッチメディア市場を盛り上げるために

ニッチメディアの広告情報をデータベース化して、広告代理店に情報提供する。この事業を分社化して、今のスタートライズを立ち上げました。

今までの事業の立ち上げは小さく産んで大きく育てるというスタイルでしたが、この事業に関しては、すさまじい勢いで赤字が積み上がりました。4年間全く赤字が減ることはなく、ひたすら積み上がる、という、ある種、とんでもないビジネスでした。

この立ち上げを開始して2年半ほど経過した際に、内藤から既存の広告事業が停滞してきているので兼任してもらえないか、と打診された時に、この広告事業への貢献で、少しでも累積赤字を解消したいと思い、引き受けることになりました。

この広告事業ではいくつかの問題点がありました。一つは、新規営業をほとんどしなくなったこと、もう一つは、「同封広告」を中心とした広告事業に対してビジョンを見出すことができなくなっていたことです。

新規顧客開拓強化と既存顧客の見極めの同時展開、マーケティングの仕組み構築、広告のオペレーションを管理する部署の立ち上げなど、仕組みを全て見直しました。初年度はNo・1の顧客を含めて、かなりの主要クライアントとの取引額が大幅に落ちたにもかかわらず、顧客ポートフォリオを入れ替えることができ、2年目以降はV字回復を果たすことができました。

ここでの大きな学びは、新規営業はやり続けないといけない、事業が厳しい時には役職上位の人間が頑張る必要があるが、うまくいきだしたら部下に権限を与えて仕事をさせ、仕事を通して成長させるのが大事だ、ということです。

伸びている環境では失敗に対する寛容度が広いため、ちょっとした失敗なら勢いが全て打ち消す、とも経験則から学ぶことができました。

仕組みがうまく回り出し、数字も良くなってきて、自分がいなくても事業が回る状態になることに確信できる少し前から、分社化について内藤と話をしました。

この10年間を振り返ると、入社面接の時に「新規事業をドンドン立ち上げるインキュベーション的なことをやりたい」という話したことのど真ん中で、最初は新規事業、しかもクライアントが全くいないゼロ－ゼロからの新規事業を経験しました。最後には停滞した事業をV字回復させる経験もさせてもらえました。非常によい10年間だったと思います。

私は、できればニッチメディア業界にもう少しこだわりたかったので、分社はいいタイミングだったと思います。広告業界はネット広告の台頭が凄まじい状況だからこそ、逆にニッチメディアで何かできないか、と思っていました。

また、この頃から、内藤は、自分の夢である「たくさんの事業、起業家を創りたい」

を絶えず口にしていたので、最大事業部の事業部長をしている私が分社化することで、新しい流れができ、この夢にも貢献することができると思い、分社化という形で起業することをお願いしました。内藤は快く応じてくれました。

経営者としての「決断」の難しさ

長く内藤の下で、Ｎｏ・２のような立場で仕事をしてきたので、経営者として「決断」という意味が分かりませんでした。私が社長になった時に、内藤からも「もう僕はいないから、後ろがいないことがいかに大変かよく分かる時がくるけれど、頑張ってくれ」と言われた際には意味が分からなかったのですが、最近分かるようになってきました。失敗したら責任は全て自分、全てを失うというプレッシャーがいかに重いかが分かりました。

サラリーマンなら、上司や経営者に強制的に命令されたり、怒られたりでイヤな思いをした経験は誰にでもあるでしょう。「何で、こいつにこんなこと言われなきゃならないんだ?」とか橋の下で聞くような愚痴は誰にでもあると思います。

トップに立てばそれはなくなります。どんな時でも、誰に対しても加害者です。事業に失敗しても誰かに裏切られても、決断するのが社長の仕事。だから誰に対しても加害者です。だからこそ、後ろに誰もいない社長とその他のメンバーでは全然プレッシャーが違うということに気がつくことができました。

だから、事業を失敗をしたからといって部下の愚痴や悪口を並べても、何らプラスはありません。すべては自分で決断し、責任も取るのです。

失敗といえば、ごく最近もうまくいかなかったビジネスがあります。「広告営業マン育成講座」というのを立ち上げて、まず半年ほど、受講料をとらずに2～3人の生徒を相手に、テストで続けてみたのです。受講者の評価は高く、学んだことから解決できなかった問題をいくつも解決できて非常に良かったという声をいただきました。

いざ、月1回、半年で1人20万円の受講料を払ってもらうこのビジネスを本格的に展開し始めたら、なかなか需要が拡大しない。せめて10人～15人／回くらいの受講生を想定していたのですが、そこまで達しそうにない。結局、マーケットそのものが小さすぎたのです。

2ヶ月営業をやってみて、数社が導入してくれましたが「やめる」と決めました。導入を決めていただいたクライアントには謝りに行きました。「やる」という決断より、この「やめる」決断の方が難しいです。サンク・コストを考えずにやめる決断ができて良かったです。

これから起業を考えている皆さんには、やるなら早い方がいいと思います。

まず社内でできることは何でも手を挙げて実行した方がいい。新しいもの、他の方が嫌がるものほど良い結果に終わる可能性もあります。僕の時は、「同封広告」がそのきっかけでした。

30歳ならば、たとえ子供がいても、やる気があるならできるだけ早く独立した方がいいでしょう。時間が経てば経つほどリスクを感じやすくなるから。また、失敗をしても若いほうが取り返す時間がより多くあるから。

ただ、踏ん切りがつかない時は、独立ではなく、社内の新規事業に関わるというのもやり方の一つだと思います。

上ノ山　慎哉（スタークス 代表取締役）

1983年生まれ。新潟県出身。専修大学卒業。2004年 株式会社ファインドスターに新卒入社。2012年 スタークス株式会社を設立し、代表取締役就任。

■大学時代

大学時代はダンスサークルに入り、仲間達とダンスカンパニー（劇団）を立ち上げて、ダンスを中心とした生活でした。

ダンサーとしての出演から舞台演出、チケット販売まで全て自分たちで行っていました。仲間と一緒に一から舞台を作り、自分たちが作り上げた舞台にお客さんを呼んで「面白かった」「感動した」と言ってもらえるのは何とも言えない充実感があり、ダンスカンパニー活動に熱中していました。

しかしダンスカンパニー活動を続けていくなかである事に気付かされました。それは自分がダンサーとしての才能がないという事です。舞台では1番ダンスが上手い人間がセンターに立ち、スポットライトを浴びます。仲間の中にはプロを目指してやっている者もいて、彼からの本気度についていけない自分がいました。いつからかダンスを続ける事に息苦しさを感じ、最初は楽しかったダンスカンパニー活動も悔しさを抱えながら時間が過ぎていきました。

「自分はダンサーとしてここでは輝く事はできない。自分が輝ける場所（仕事）を見つけ出して、それに情熱を傾けてスポットライトを浴びられるようになろう」そう決めてダンスカンパニーをあとにしました。

■起業を志したきっかけは1冊の本

大学3年生となり就職活動が近づいてきましたが、特に興味がある業界や企業はありませんでした。

「自分が情熱を傾ける事ができる仕事とはなんだろうか」

考えていても答えは出てきません。

「考えていても仕方ない。就職に関する本を読んで考えよう」
そう思い本屋に立ち寄りました。

その本屋で『社長失格』という本をたまたま手に取り読んだ事で、私の心は大きく動かされました。

本の内容は、90年代に実在したＩＴベンチャー企業ハイパーネット社長の板倉雄一郎氏の会社創業から成功、倒産までを描いたノンフィクション小説です。

ハイパーネット社の躍進から破綻までがジェットコースターのような展開で物語が進んでいき、読みながら胸がどんどん熱くなっていきました。

「仲間と一緒に事業を興し、事業を通じて世の中に影響を与える。ベンチャービジネスってなんて面白いんだ。そして起業家はやりがいがある職業なんだ！」

「起業家という生き方を通じて自己表現してみたい。将来の職業は起業家にしよう」
そう決めました。

決めてからは居ても立ってても居られませんでした。

「起業する為にはどうすればいいいか」

色々考えた結果、大手で時間をかけて経験を積むのではなく、早くから実践経験が積めるベンチャー企業で実際に働いて修行しようと決め、修行の場となるベンチャー企業を探し始めました。

■ファインドスターとの出会い

私が就職活動を始めた時期はちょうどベンチャーブームでした。サイバーエージェント、楽天、ライブドアなどのＩＴベンチャー企業が脚光を浴び始めた時期で、多くのベンチャー企業が積極的に新卒採用を行っていました。

数多くあるベンチャー企業のなかで、どこが一番修行の場になるのか分からなかったので、とりあえず面白そうなベンチャー企業の会社説明会には手当たり次第エントリーして、できるだけ多くの会社説明会に参加しました。そうしたなかで出会ったのがファインドスターでした。

溜池山王の会場で開かれたファインドスターの会社説明会に参加して、説明会に内藤が登場しました。

内藤が語るビジョンや戦略は、他のベンチャー企業にはない独創性や先見性を感じさせられ、壮大な話にどんどん惹き付けられ、私の胸は熱くなりました。

また内藤は「自分は失敗ばかりの人生だった」と語り、飾らない人柄も印象的でした。他ベンチャー企業の説明会では「どうだ、俺が一番凄いだろう」とギラギラした社長が多かったなかで、起業家としての気迫や勢い感じつつも、飾らない人柄のギャップに内藤の魅力を感じた事を今で覚えています。

あっという間に説明会は終わり、最後に「ファインドスターを将来起業家輩出企業にしたい」という内藤の言葉を受けて「この会社だ！」と直感的に思いファインドスターへの入社を決めました。

採用選考が進んでいき、グループ面接通過後、一次面接は取締役の佐竹（現：ターゲットメディア社長）でした。私が自己紹介と志望動機を話し終えた後、佐竹は事業について熱く語り始めました。佐竹が一方的に喋り、私は終止相づちを打ってばかりでほとんど喋る事なく面接は終わりました。

「全然アピールできずに面接が終わった。これは（面接）落ちたかな」と思いました。

しかし面接終了後、すぐに人事の人から電話がありました。

「一次面接通過しました。次回最終面接で社長面接になります」

「何がよかったのか分からないが通過して良かった。次の社長面接ではもっとアピールしよう」そう意気込み内藤との社長面接に臨みました。

社長面接で内藤はファインドスターのビジョンについて熱く語り始めました。これもまた一方的に内藤が話すばかりで、迫力に圧倒されて話に聞き入っていたら、あっと言う間に1時間経過して面接が終了しました。

「一次面接以上に喋らせてもらえなかった。さすがこれは落ちたな」そう思いました。

しかし1週間後、「社長面接の結果、合格です。内定となります」との連絡がありました。

内定は嬉しかったですが、「面接でほとんど何も喋っていないけど大丈夫かな?」と正直思いました（笑）何はともあれファインドスターへの入社が決まりました。

■その事業はNo・1になれるのか？

入社後、佐竹が統括していた新規事業部に配属されました。インターネット関連の新規事業を次々に立ち上げている部署で、先週立ち上げと思った事業は翌週には大きく方向転換したり、見込みがないようであれば撤退して次の事業を立ち上げていました。朝令暮改ならぬ朝礼朝改という雰囲気で、そのスピード感がまさにベンチャー企業という感じで刺激的でした。

私は、佐竹、松原（現：ターゲットメディア　執行役員）と先輩社員の4人で、新規事業としてインターネット広告代理店事業を立ち上げました。

当時、インターネット広告市場は急成長している魅力的な市場でしたが、サイバーエージェント、オプト、セプテーニなど、多くの競合企業がひしめき合う競争が激しい市場でした。営業に行っても毎回コンペでなかなか仕事を取る事ができず、やっと仕事が取れたと思っても最終的には価格交渉が入り、利益も少ないという状況でした。

そのような状況のなか、我々のインターネット広告代理事業は売上は上がっていましたが、今ひとつ事業を拡大させる要素を見出せないまま時間が過ぎていきました。

ある日の営業会議で内藤から「インターネット広告代理事業で、Ｎｏ・１になれる可能性があるのか？　可能性がないなら撤退だ」と言われました。

「売上も上がっているし、自分たちを必要してくれるお客さんもいるのに、なぜ事業撤退するのだろうか？」

当時の私は内藤の言う事業撤退する理由が理解できませんでした。


いまとなって当たり前の事ですが、事業とは顧客の課題解決であり顧客にとって明確な価値を提供する事ができなければ、その事業としての存在価値はありません。大手に比べて、資金力、知名度、人材などリソースが限られたベンチャー企業が競争に勝つには、Ｎｏ・１を目指せる分野や商品を見つけ出す事が重要です。

また、内藤からは「そのサービスは誰でも売れるのか？　お前でないと売れないようであればそれは事業ではなく家業だ」と言われました。

この言葉もグサリときました。当時、自分にしかできない難しい仕事をやっている事にやりがいを感じていました。

経営者という立場になった今、限られた人でしか売る事ができないサービスを提供している事は企業として大きなリスクがあり、事業を拡大できない事がよく理解できます。

「誰でも売る事ができる化」する為に、顧客にとって価値が明確に分かるように商品を差別化させる事、サービス提供する顧客業界を絞る、提供する商品のラインナップを広げすぎない、など「誰でも売れるようにする化」する事は、ベンチャー企業が事業を拡大させる為に非常に重要な戦略だと思います。

いま振り返れば、打つ手はいくらでもあったと思いますが、当時の私はインターネット広告代理事業で、顧客にとっての明確な価値を見出す事も、「誰でも売れる化」をする事もできずに事業撤退する事となりました。

事業撤退は非常に悔しかったですが、いま振り返ると多くの事を学ぶ事ができた貴重な経験となりました。

またこの時にインターネットの将来性を強く感じ、将来起業する時はインターネット関連のビジネスを立ち上げたいとそう思いました。

事業撤退後、私はファインドスターの主要事業であったダイレクトマーケティング事業部に異動する事になりました。その事業部では「同封広告」という商品を販売しており、その市場においてファインドスターは圧倒的なシェアＮｏ・１でした。

インターネット広告代理事業の時とは違って、業界内での競争優位性が高く、差別化された商品だったので新人でもすぐに売る事ができて、かつお客さんからも「こんなサービス待ってていた！」という反応でした。

「同じ広告サービスでも差別化されたサービスとはこうも違うのか、内藤が言っていた『Ｎｏ・１』と『誰でも売れる』と言うのはこういう事か」とまじまじと実感しました。

■本当に起業したいのか？

その後、同封広告事業は順調に伸びていき、社員もどんどん増えてきました。私は昇格してマネージャーとなり部下を持ち、マネージメント経験を積む事もできました。

その後、グループ会社のワンスターの役員として、会社を立ち上げて3年目だったワンスターを成長させていく過程にも携わりました。

新規事業立ち上げ、営業、マネージャー、グループ会社の役員、毎年やる仕事内容もポジションも変わり、その度に色々な経験ができました。

お客さん、パートナー、仲間にも恵まれて、毎日忙しくも充実した日々を送っていました。

気が付いたら、起業する為にファインドスターに入ったはずなのに仕事のやりがいや会社の居心地の良さから「起業するのはもう少し先でもいいな」と思っている自分がいました。

実際に、内藤から「上ノ山はいつ起業するの?」と聞かれても

「(チャンスがあれば)30歳までにはしたいと思っています」と答えていました。

そのなか、突然人生の決断に迫られる出来事が起きました。

■決断した日

２０１１年３月11日、東日本大震災が発生しました。

地震で崩れ落ちる建物、津波で流される家や車、テレビで流れている衝撃的な映像はとても同じ日本で起きている事だとは思えませんでした。

その映像を見ながら、自分の人生もいつ終るか分からないという恐怖感に襲われました。

「人生は有限だ。チャンスがあれば起業しようなんて気持ちでは駄目だ。本当にやりたいと思っているなら行動しよう」起業する決心をしました。

しかし決心したものの、充実した環境から抜け出す事に後ろ髪を引かれる気持ちがありました。

自分の決心から逃げない為にも半期ごとに行われている全社員が集まるグループ総会の場で、「２０１２年７月に起業します」と全社員の前で宣言し自ら退路を断ちました。

宣言したからには後には引けません。

「もう、やるしかない」起業までのカウントダウンが始まりました。

■やるべき事から始める

起業を決断したからと言っても、事業内容は何も決まっていませんでした。時間は過ぎていき、どんどん期限の日が近づいて不安や焦りが出てきました。人間焦ると余裕がなくなり、良い考えやアイディアは全然出てきません。起業すると言いながら「何をやりたいんだ俺は？」と自問自答の日々が続きました。

そんな私を気にかけた内藤から「起業して最初からやりたい事なんてできない。そんな起業は格好いいものではない。起業家として生きていきたいのなら、まずは食えていける事業をやるべき」というアドバイスをされました。

やるべき事（まずは会社として継続させる事）を続ければ、やれる事が増えてくる。やれる事が増えれば、自分が本当にやりたい事が明らかになってくる。「やるべき事」

に取り組む事が「やりたい事」としての一歩であり、まずは一歩踏み出さないと何も始まらない。

「やるべき事」と「できる事」の視点で事業のネタを探し始めたところ、チャンスが巡ってきました。システム開発企業のテモナ株式会社の佐川社長との出会いです。テモナは通販システムの開発に強みを持っている会社で、システム開発に注力する為に、自社のサービスを販売してくれる営業パートナーとして、通販企業の支援に力を入れていたFSGとの協業を望んでいました。

ファインドスター、ワンスターで広告代理店事業を行ってきたなかで、顧客であった通販企業の多くが、自社の課題としてシステムを挙げており、システムについてのニーズを感じていました。

通販企業に対して、システムを販売する事は、いま自分にとって「やるべき事」かつ「できる事」でした。

実際にそのシステムを販売してみると、差別化された商品力に驚き「これは売れる！」と感じました。

テモナの佐川社長に「御社のサービスの専売代理店をさせて欲しい」という話をして、最初の事業として通販企業向けのシステム販売事業に賭ける事にしました。

■起業

2012年7月、スタークス株式会社を創業しました。社員はゼロ、自分1人のスタートでした。起業したからには仲間を集める必要があります。しかし起業したばかりなので、人材紹介会社を使う事や求人広告を出す余裕は当然ありません。出来る事は知り合いを口説いて入社してもらうほかありませんでした。

私は知人、友人に声をかけて回りました。

当然ですが、出来たばかりの会社に転職したいという人はなかなかいません。

そんななか、大学の同級生であった竹内と飲みに行く機会があり、竹内が転職を考えていると聞きました。

「どんな会社に転職したいの？」と私は聞きました。

「業界問わず、成長できる環境を求めて転職したい」と竹内は言いました。

「未来の大企業に転職しないか？」と私は竹内を誘いました。どんな会社にしたいか、どんな事をしたいのか、私は必死に語りました。一通り話し終えたうえで、竹内はしばらく沈黙ののち「考えさせて欲しい」と言ってくれました。数ヶ月後、竹内は入社を決意してくれました。正直、入社日まで本当に来てくれるか不安に思っていましたが、竹内は12月に無事入社してくれました。記念すべき1人目の社員です。竹内が初めて出社してくれた時は、社長の名刺を手にした時、初受注した時より何よりも嬉しかったです。

翌年4月にはグループで一括採用した新卒社員の景利が「まだ何もない環境に身を置いてチャレンジがしたい。是非スタークスへ行きたい」と入社を志願してきました。「新卒採用はまだ早いかな」と躊躇していましたが、彼の熱意やチャレンジ精神に心を打たれて入社してもらいました。

その後、10月にはファインドスターのトップ営業マンだった大塚も「上ノ山と一緒に会社立ち上げを経験したい」とスタークスへの出向を志願して入社してくれました。

人がひとり、ふたりと増える事で出来る事が増え、可能性も広がっていきました。業績も1期目は赤字で苦しい時期が続きましたが、2期目の中盤には単月黒字化を達成し、サービスの導入社数は200社を超えて、売上は1億円を超える事ができました。

社員の頑張りも勿論ですが、グループ内からの積極的な顧客紹介、営業リストの共有、経理・総務・人事などバックオフィス部門の共有など、FSGのヒト、モノ、金、情報を共有できる環境のおかげで、独自で起業する何倍ものスピードで成長する事ができました。

■今後の目標

起業してもうすぐ2年経ちます。あっという間の2年でした。

今後の目標は、いま提供しているシステムサービスを国内シェアNo.1にする事。

そしてそのサービスを超える新規事業を創造して、アジアで勝負ができる企業に成長させたいと思っています。

ＦＳＧは「世界で一番、起業家とベンチャー企業を創出する」というビジョンを掲げて、２０２２年までに２００人の起業家、１００社のベンチャー企業を生み出す事を目標としています。

今の日本は少子高齢化が進み、人口は減少の一途を辿っています。経済が停滞していく日本を活性化させる為には、成長産業を生み出す必要があります。その為にベンチャー企業が沢山必要です。

私は、ベンチャー企業を増やす為には、起業家に憧れる人間の数を増やす必要があると思っています。

起業家がスポーツ選手のように憧れの職業かと言われると、日本では決してそうではないでしょう。子供がスポーツ選手に憧れ野球やサッカーを始めるように、人は神格化されたヒーローを通じて夢を見て、行動し、努力し、その夢を実現させます。理想とするヒーローが身近に多ければ多いほど、自分の可能性を信じて、未来に対する展望は明るくなり、社会に活気が生まれるのものだと思います。

私自身、起業家という生き方に憧れを持ち、起業家としての人生をスタートさせました。

「世界で一番、起業家とベンチャー企業を創出する」というグループビジョン達成の為にも、これから起業を考えている方に少しでも勇気や夢を与えられるような結果を私自身が出して、日本で起業家を志す人を増やす事ができるよう日々邁進していきます。

寺田勝人（ニュースター代表取締役）

1974年生まれ。大阪府出身。同志社大学法学部卒業。1998年、リクルートエイブリック（現リクルートキャリア）に入社。2006年、夢の街創造委員会に転職。東京支社長、営業担当役員を経て2009年8月独立。2010年2月、株式会社arata設立。2013年7月、FSGから出資を受け、外部出身企業第一号会社になると同時に、社名を株式会社ニュースターに変更。

どん底の十九、二十歳（はたち）

両親が事業をやっていたため、生まれたときから同居していた祖父母に育てられました。

母親の手料理を食べたことも、数えることしかないような環境で育ちましたので、完全におじいちゃん子・おばあちゃん子として育ちました。

大家族で暮らしていたので、母親の手料理を食べたことは無くとも、特にぐれることもなく、自由にすくすくと育ちました。地元でトップの公立高校（自宅から徒歩10分）に運よく合格し、〝勉強せず、留年せず〟という、成績とは無縁の自由でのんびりした三年間を過ごしました。水泳部に所属し、ギターを弾いて、CDを集めて音楽を聴く。学校での成績はビリでも、一歩、校門を出れば、地元のトップ校の生徒として特別扱いされ、人生について考えることなど、ほとんどない高校生活を送りました。当然のことながら、浪人が決定。

ほとんどの友人が浪人していたので、これまた特に危機感の薄い浪人時代を過ごしました。父親の友人であり、自分の小学校・中学校時代に通っていた塾の経営者である恩師の勧めで、予備校に行かず、その恩師の経営する塾の先生のバイトをしながら受験勉強をしていました。俗に言う〝宅浪〟に毛が生えたような生活をしていました。独学で勉強し、模試も受けていない状態で、秋を迎えました。10月になって、初めて模試を受けたのですが、第一志望校の合格判定はD。第三希望校でもCという酷い結果でした。そこから、必死で勉強をしたのですが、模試の会場で見た受験生の数や必死に勉強をしている受験生の熱意や悲壮感を感じ、ようやく浪人の重みについて実感が沸いてきました。「落ちたらどうしよう」「もう駄目だー」など、参考書の問題を解く度に、スーパーネガティブな心理状態になっていました。

〝病は気から〟と言いますが、ほんとにそのとおりで、第一志望の早稲田大学の受験の前後に40度の高熱が出て、結局、問題も解けず、ふらふらになりながら、受験を終えました。

すべり止めの大学も全て不合格。予備校に行ってないため身分証明書が無い〝病気で二浪〟という最弱の二十歳（はたち）になってしまいました。

親友からは〝ジロウ〟、親からは〝素浪人〟と言われ、笑って応える元気もない状態になりました。扁桃腺が原因で高熱が出たため、「気分転換に手術してみては？」と、昔からお世話になっている耳鼻科の先生に言われるままに、扁桃腺を摘出する手術をしました。

人生初の手術でしたが、二週間ほどで退院し、再び、塾のアルバイトに復帰した矢先、塾の帰り道で、自動車にひかれてしまいました。5メートルほど飛ばされ、自転車は大破。左足の頚骨を骨折しました。救急車で運ばれ、本来であれば即手術という流れですが、タイミング悪く9連休という特別大型連休のGW開始の前日に事故にあったため、先生や手術の材料の確保ができないとの理由で、一週間、病室で待機することになりました。

まな板の鯉とは、このことかも知れません。〝病気で二浪でＩＤ無し〟から、〝事故で二浪でＩＤ無し〟というさらに悲惨な状況になりました。

一ヶ月の入院生活を終え、リハビリで通院。ようやく松葉杖がとれ、再び塾のアルバイトに復帰したのが6月の終わりごろでした。

塾に復帰すると、塾の先生達からは、特に大げさな反応もなく、「大丈夫だったか？」の一言二言しか、声をかけられませんでした。事故前と同じように、塾のバイトをしながら受験勉強をする日々に戻りました。少し塾の様子が変なので、社員の先生に聞いてみると、3ヶ月前ぐらいから給与が支払われておらず、塾長も姿を見せない、とのこと。

生徒がいるので、先生達は、ほぼボランティアで授業を続けていました。頼りにしていた恩師が夜逃げしたことで、

「もう、これ以上は嫌なことは起こらないだろう！がんばるしかない！」と吹っ切れ、自宅にこもって勉強するようになりました。3回目の受験勉強なので、いくら成績の

悪い自分でも何となく問題がしみこんできて、やればやるほど自信が沸いてきました。成人式の日、小中学校の友人で、地元のヤンキー友達が家まで誘いに来てくれたのですが、スーツも無ければ、袴もない。身分証もＩＤもない。それを理由に、成人式には参加しませんでした。第一志望校を同志社大学に変え、受験に望みました。本当にいろいろとあった一年でしたが、なんとか、受験した大学は全て合格。お祝いに家族で御寿司を食べに行ったとき、親父が泣いていたのを思い出すと、今でも申し訳ない気分になります。

社長になりたい！　と強く意識するようになったきっかけは、大学に入ってからです。念願の同志社大学法学部に入学したのですが、生徒名簿を見ると5人に1人は内部からの進学生で、親の金で自由に車を買ったり旅行に行ったりしている学生が多く、地元の公立高校から予備校も行かず浪人して入学した僕には、親に頼って自由を謳歌していることが格好悪いと感じていました。

でも、入学から何ヶ月か過ごすうちに、結局は、自分も同じではないか。親に頼りきりで生きている自分、親に甘えて生きてきた自分というものを強く意識するようになりました。そこから、自分で働いて経済的に自立した人間になろう、社長になって自分で会社を経営していく人間になろう、と思うようになり、ほとんど学校に行かず、バイトばかりする学生生活を送りました。

「10年後、独立宣言」と就職活動

学校に行っていないため成績が悪く、二年も浪人している自分は不利だ、だから、とにかく一社でも多くアプローチするしかないと思い、150社以上に応募ハガキを書きました。

(当時、リクナビがなく、すべてハガキでのエントリーでした)

ところが自分が思った以上に企業からの反応がよく、調子に乗り始め、就職活動を進める内に「10年後、独立したい！」という漠然とした目標のようなものが芽生えてきました。人よりも二年も遅れた社会人なので、一日も早く同年代に追いつきたいという気持ちもありました。

10年後に家業を継ぐか、事業を立上げるかいずれかの形で、独立しよう、と決心しました。説明会や先輩訪問の個別面談で、「10年後、独立したいと考えています。独立のための修行の場として一生懸命働きます」とアピールしても、苦笑されるか、スルーされるばかりで、真剣に聞いてくれる会社はありませんでした。それでも、いろいろなバイトを経験して、社会人慣れしていたためか、面接の受けがよく、早々に最終面接まで案内いただく会社が複数ありました。リクルート人材センター（現リクルートエージェント）だけは、私の「10年後、独立宣言」を、しっかりと受け止めてくれました。

今、思えば、人材バンクという転職支援をする会社なので、いろいろな働き方の価値観を認める企業風土が、私の希望を受け入れてくれたのだと思います。

また私も、転職を仲介するということは働いている人の気持ちを直接知ることができるし、どんな人材であれば採用するのかを生で知ることができると考え、それまで全く知らなかった人材紹介事業に非常に興味を持つようになっていました。

営業に配属されれば社長や経営者相手の営業になる。というところも、独立を希望する私の意向と合致して、まさに運命的な出会いを感じ、早々に就職することを決めました。

多くのベンチャー社長、経営者との出会い

入社後は、中小企業やベンチャー企業を新規開拓する営業として配属されました。入社した1998年は、山一證券が破綻した年で、商社や自動車メーカーなどの大手企業が創業以来、初めてリストラを始めた非常に景気の悪い年でした。それでも社長になるためには、いろいろな社長に会いたい。生意気にも社長相手の営業でないと意味が無い、という思いもあり、毎日100社以上の中小ベンチャー企業に新規開拓営業の電話をかけ、とにかくいろいろな事業やサービスをしている中小、ベンチャー企業の社長相手に新規訪問を続けていました。その新規開拓営業先にサイバーエージェント藤田社長やホリエモンで有名なオン・ザ・エッジ（ライブドアの前身）の堀江社長などの同世代の起業家の社長達がいたのです。

一年目が終わるころ、彼らの立上げた会社が脚光を浴び始め、アメリカや日本でネットバブルが起きました。

その勢いに乗って、運良く私の営業成績もあがり、優秀賞などをいただくこともありました。

営業リーダーを任されたり、社内イベントの幹事や新卒採用チームのリクルーター、中途社員の教育担当なども経験したりしました。

成績に波はあったものの、お客さんや仲間に恵まれ、20代の会社員としては非常に幸せな時間を過ごしました。

同時に、多くの社長に会うたびに、憧れと同時に、自分にできるだろうか、という疑問と現状の生活への満足感が増してきて、「10年後、独立宣言」の気持ちが薄らいできていました。

安定を捨てベンチャーへ

そんな時期に、仕事で知り合った同年代のベンチャー企業の副社長がいました。夢の街創造委員会の阿部さん（現ワイズアンドカンパニー社長）です。彼は外資大手コンサルの安定したキャリアを捨て、そのベンチャー企業に数千万の投資を行い、大株主兼副社長をしていました。

同年代で妻子持ち、大手出身、共通の友人が複数いるという共通点が多く、クライアントというよりも友人として付き合うようになりました。

その会社は、当時3億円の赤字があり、人材紹介会社としては、あまりオススメできない会社でした。

「年末まで幹部が採れなければ寺ちゃんが入社してよ」と言われていましたが、飲み会の席での話だったので受け流していましたが、幹部クラスの人材を紹介できずに、一年が過ぎました。

忘年会を兼ねて二人で飲みに行った際、「上場が見えてきた。上場を機に会社を一気に成長させたい。一緒にやろう！」と、本気で口説かれました。

「大手にいるのも良いけれど、ベンチャーでしかできない経験がたくさんある。自分もそのことを身をもって体験中である。失敗しても、一から立上げた経験は貴重な経験になり、死ぬことはない」

と熱い語りに圧倒され、社長にも会わず、その日のうちに決断しました。

入社を決めた後で、社長と面談をしたのですが、面談早々、「うちは、実力主義です。

実力で役員になってください。給与は20万円スタート。利益の10％はインセンティブとして支払います」と言われました。年収でいうと5分の1になる計算。少し驚きましたが、経験を積み実力をつけるためにベンチャーに飛び込んだので、意外に、あっさりと受け入れられました。実績を出して、インセンティブを獲得すれば、元の給与ぐらいは稼げるし、「会社の売上や利益への貢献もできる。その結果、上場したらストックオプションで、それなりにまとまったお金を手にすることが出来る。と考えてました。

２００６年2月に入社。始めの一週間は、カスタマーセンターに仮配属されました。金髪でトレーナー姿の先輩オペレーターに、いろいろと仕事を教わることになりました。金髪でトレーナーという服装にも驚きましたが、一週間経過してみて、僕が想像していたのと、全く逆の社内の雰囲気に衝撃を受けました。社長、副社長以外の社員に覇気がなく、社長がいるとまじめに仕事に取り組んでいる雰囲気なのですが、社長がいないと、タバコを吸いにいったり、愚痴を言ったりといった雰囲気に。社長が帰るまでは帰らないのですが、社長が直帰すると、いきなり全員が帰ってしまう、という始末。

リクルート時代も、サボるということはありましたが、先輩と営業同行の帰りに喫茶店に行くというレベルのものでした。基本、喫茶店でも営業についてのことを話したり、趣味などの話をして盛り上がったりと、前向きな話題が多かったので、非常に驚きました。

上場を目指して日々、奔走する社長の下で、全員が一丸となって戦う集団、という自分の思っていたベンチャー企業の雰囲気と180度違う世界でした。

そんな中、副社長の阿部さんは、友人である私を誘い入れ、外資コンサル時代の後輩である内田（現グロービス）を呼び寄せ、ベンチャーマインドを共有できる仲間を増やし、事業を成長させよう、会社を大きくさせよう、そして、上場させて強い会社を作ろう、と必死に動いてました。

人材紹介業での法人営業経験しかなかった自分に、インターネットビジネスの作り方や飲食市場の考え方や課題設定の方法、そこから考えられる新サービスを構想する方法など、マーケティングや商品開発の具体的な考え方を教えてくれました。阿部さんと相談して企画したサービスを阿部さんが簡単な資料にまとめ、自分がクライアントに提案する。そこで得た反論や疑問などのクライアントの声を、その日のうちに、阿部さんに報告し、また、サービス案を練り直すということを、サービスが売れるまで、何度も繰り返し行っていました。また「出前館」を自社媒体化し、ネット広告媒体として、新規でクライアントを開拓し営業していました。電話での新規開拓から、知人・友人関係なく、ニーズがありそうな知り合いの会社に企画提案し、とにかく、目標の売上を獲得するために、必死で動いていました。純広告だけでなく、アフィリエイトやクリック保証など、広告枠の大きさの調整などクライアントの要望に応えられるもので売上になるものであれば、いろんなことに対応していました。

入社から一ヶ月が経過し、東京営業所の責任者候補として、予定通り、東京営業所配属となりました。東京駅南口にある日本ビルという歴史あるビルの一室に事務所があったのですが、窓のない８坪ほどの事務所で、セキュリティーが無いのは当然として、錠前のような形の鍵が一本あるだけで、鍵当番がいないと、外出から帰ってきても事務所に入れないという状態でした。ちなみに、この事務所は、株主である三菱地所から、ベンチャー支援の一環として格安で貸して頂いていた事務所です。

東京営業所は、自分を入れて８名の営業所の予定だったのですが、着任早々、営業責任者候補で入った方が会社に来なくなり、顔を見ないまま、いなくなってしまいました。

また、自分よりも年上のメンバーが中心で、転職歴の多い人ばかりの組織でした。週に一度の営業ｍｔｇも、いかに社長に詰められないように報告するか。ということが主眼になり、業績をあげよう、とか、達成したい、というような雰囲気はゼロに近い状態。

営業報告書のフォーマットも決まっておらず、数字の信憑性もゼロ。「来週は、決定します」「来月は、絶対に達成します」という報告ばかり。最後に社長に一喝され、ｍｔｇは、終了。

社長は、上場準備や大手チェーンの開拓に奔走していたので、一時間程度、我慢すれば、外出するという状況でしたので、社長のいる間だけ、じっと我慢、という感じでした。

この状況を打開するためには、良い人材を採用しなくてはいけない、ということで、阿部さんと自分の方で、改めて求人を出したり、人材紹介会社へ紹介依頼を強化しました。

古巣のリクルートエイブリックにも、「出前館」のステッカーを持参して、月末の打ち上げなどに特別に参加させてもらい「出前館」のサービス利用促進と人材紹介強化をお願いしにいったりしました。その甲斐あってか、数名、紹介してくれ、いわゆる大卒の第二新卒を3名、採用することができました。広報職への転職を希望して広島から出てきた川崎という女性（現スタートトゥデイ）と三井物産系の飲食関連会社で営業として働いていた筑波大学出身の岩中（現ワイズアンドカンパニー）、外資コンピューターメーカーのHP出身でシステムコンサル会社で働いていた神戸大出身の吉村（現フォトクリエイト）の3名です。それぞれ、広報、営業、経営企画として採用でき、会社の雰囲気（特に東京支社）が、一気に変りました。自分の想像していたベンチャーっぽい雰囲気になってきました。

売上、業績に対する責任感や受注できなかったことによる悔しさ、絶対、事業を成功させるんだ、という熱い思いのようなものが営業所の中に充満してきました。自然と飲み会も増え、馬鹿騒ぎしたり、土日にホームパーティーをしたりして、一体感が沸いてきました。

社長と阿部さんの必死の取り組みの結果、上場承認が下り、2006年6月、ヘラクレスに上場することができました。ライブドア事件が起きた直後の上場で、現場で広告営業の責任者をしている自分レベルの社員にも非常に厳しい審査が入りました。本当に、難しい中での上場だったと思います。

上場と同時に、事務所の移転をしました。移転先の事務所選び、事務所の内装工事から移転作業の仕切りまで、全ての業務に関わりました。

15坪ほどの広さの事務所で、それまでの倍の広さに拡張しました。国道246に面した築年数の浅い綺麗なビルで、見晴らしもよく、赤坂見附駅から徒歩5分。赤坂、永田町など複数の路線が使え、営業としてのアクセスの良い点ということで事務所を決定しました。

たまたま、社長がインテリアコーディネーターの資格をもっており、通常は設計事務所に任せるような部分も細部にわたり希望を出されるので、業者とのやりとりを担当する素人の自分は、知識・経験がなく戸惑ったことを思い出します。床は赤、壁はスケルトンという斬新なデザインの事務所でした。(笑)

事務所に移転してからも、引き続き採用強化をしていきました。上場によって、会社の知名度があがり、リクナビなどの求人媒体でも応募がくるようになりました。

そこで、元パティシエの内水（現ジモス）、元弁当屋のオーナー店長上澤（現ＤＭＭ英会話社長）、元プラザクリエイトの須藤（現ＤＭＭ英会話事業部長）の３名が採用できました。

その後も、続々と優秀な人材が採用できたと同時に、以前からいた社員の方が、どんどん自主的に退職されていきました。東京支社については、一年で、全ての人員が入れ替わりました。打ち上げや忘年会も一層盛り上がり、社員旅行も実施するようになりました。

同時に、上場を機に、積極的に四半期決算開示をする方針になり、株価を意識した高い目標を立てていくようになりました。

自分も、ネット広告だけでなく、大手デリバリーチェーンについても包括的に担当することになり、新規事業についても、常にトライ＆エラーをする毎日でした。

成功といえるかどうかわかりませんが、継続的に売上をあげることのできたサービスで、〝リアルデリバリー〟というサービスがあります。

これは、出前店舗にチラシやサンプルを配布してもらうサービスです。

広告主から一枚配布につき10円もらって、出前店舗に５円を支払い、差額が粗利になるサービスです。開封率100%というわかりやすいキャッチコピーで、認知されやすく、そこそこ問い合わせもあったサービスです。

「出前ユーザーに特化した媒体」ということで、ファインドスターにも販売代理店としてお付き合いいただきました。それまでも、ファインドスターの内藤さんには、仕事のことだけなく公私共に、いろいろと相談に乗ってもらったり、遊んだりしていただいてましたが、オリジナルのメディア事業を立上げたことをきっかけに、ビジネスをさせていただくようになりました。当時、内藤さんも上場を目指しており、実際の業務のことだけでなく、上場に向けた会社の動きなど、かなりの頻度で情報交換をしていました。

ちなみに、「出前館」のネット広告の販売担当をしてくれたのが、当時、新人だったスタークスの上ノ山社長です。

逆に、失敗した事業も多いのですが、特に覚えているのが、フリーペーパー事業です。これは、社長か副社長の阿部さんがきっかけを作ってくれたサービスなのですが、USENの関連会社で〝トウキョウヘッドラインニュース〟というフリーペーパーがあり、そのフリーペーパーの内容を一部、掲載&編集して出前と一緒にオリジナルのフリーペーパーを配布するという事業です。収益はフリーペーパーに掲載する広告代。損益分岐点が売上600万円という設定のフリーペーパーでした。前記の〝リアルデリバリー〟同様、配布してくれていた出前店舗には一部10円程度の配布代金を支払うシステムでした。収入源は、広告収入のみ。サービス開始から3ヶ月の売上は500万円、事業開始から3ヶ月で1300万円の赤字になりました。このまま放置することができない状態になり、営業担当執行役員となっていた私が、会社を代表して、トウキョウヘッドラインニュース社長の一木さんにフリーペーパー廃刊のお願いと状況の説明をしにあがりました。

あまりの緊張で、特にアイスブレイクするような話もせず、いきなり本題の話をしたところ、開口一番、「寺田、フリーペーパーの事業モデルを知ってるよな？　リクルート出身だもんな」と、きつい口調で言われました。内心、〈僕は、人材紹介をしているリクルートエージェントというリクルートの子会社出身だから、フリーペーパーの知識は全く無いんだけど〉と、いろいろと思ったのですが、こちらの勝手な事情で共同で始めた事業の中止を申し出ているので、何の言い訳もできず、ただただ、謝るばかりでした。その時、教えていただいたのですが、フリーペーパー事業というのは、一年半から二年は、赤字を覚悟でする事業で、媒体の認知度があがってきて、初めて広告主がつき、収益化する、という業界の常識というのがあるということを知りました。

さすがに、一時間も謝り続けていると、一木さんの方から「まあ、もういいよ。寺田も仕事でやったことだ。フリーペーパー事業中止の件は解ったよ」と、おっしゃっていただけました。一木さんが神様に見えた瞬間でした。「その代わり、どっかクライアントを紹介してよ」と、優しいフォローもあり、それ以来、独立してからも、一木さんの誕生会など仕事以外のことにもお誘いいただけるようになりました。（ちなみに一木さんの誕生会の参加者は、上場会社のオーナー社長、政治家の先生、大手広告代理店の役員や芸能人、スポーツ選手のような方ばかりで、自分のようなものが参加させていただくのがおこがましいようなレベルの豪勢な会です）

その後、２００８年にリーマンショックが起こりました。「出前館」の売上は、そこまで下がらなかったのですが、株価や財務面で様々な影響が出始めました。

また、ヤフーからツタヤに大株主が変ることになり、「出前館」にTポイントを導入するプロジェクトが発足しました。CCCの増田会長から、直接、Tポイント構想についてニ時間、びっちりと話を聞くという貴重な経験もしました。社長がツタヤの役員になり、ツタヤから新しい社長が送り込まれることになりました。

同時に、ヘッドハンティング会社を使い次期副社長候補、幹部候補を計3名採用しました。

幹部は増えるのですが、売上が横ばいになり、マーケ、営業、システムの連携が悪くなってきました。広告を受注すると出前ユーザーのためにならないというマーケとの対立が生まれたり、システム開発が遅れるため、受注した広告が表示できないため売上を返金するというような事態が起こるようになりました。そんな中、副社長の阿部さんが役員任期満了と同時に会社を卒業して起業の道を歩み始めました。大きな諍いはないものの自分も正直なところ居心地が悪くなっていました。同時に〝10年後、独立宣言〟の期限も近づいていました。

先に独立した阿部さんに、「自分は、独立しても大丈夫かな？　やっていけるかな？」と、相談したところ「生きていけるでしょう！」と、あっさり一言。もの凄いアドバイスや重たい忠告などあるかなと期待していたので、かなり肩透かしでしたが、独立してどうなるかはやってみないとわからない世界で、独立したいならやってみたら、ということだと受け止め、役員の任期満了と同時に、自営業者として独立しました。(失業保険をもらうという感覚は、全くなかったです)

「10年後、独立宣言」通り、独立

さて、宣言通りに独立はしたのですが、どんな事業をするのか、具体的なアイデアもないまま独立したため、とりあえず高島屋のロゴを真似した〝寺田屋〟というロゴを入れた名刺を作って、知り合いの会社の社長に独立の挨拶回りをして数ヶ月を過ごしました。

「独立しました。事業は決まってません」と正直に話して回ると、「うちの商品を営業して売ってきてよ」「ネット広告について費用対効果の管理ができていないのでチェックしてよ」「良い人を紹介してくれないかな」など、幸運にも私にできそうな仕事についての依頼を数多くいただき、売上見込みが立ってきたタイミングで平成22

年2月22日に、改めて会社を設立しました。この会社が、今の株式会社ニュースターの前身である株式会社aratarという会社です。〝新しい文化を創造する〟という思いを込め、社名をつけました。

内籐さんからも「独立して3年は、どんなことをやっても生き残れ！」というアドバイスをいただき、商品やサービスにこだわらず、お客さまの要望に応えられえるよう、一生懸命、取り組みました。システム開発の要望があれば、フェイスブックやツイッターを利用して知り合いを紹介してもらい、システム開発プロジェクトをまとめたり、SEOやリスティングなどの広告系の要望があれば、ネット検索やセミナーはもちろん、そういったことに詳しい知人に聞いたりして、何とかお客さまの要望に応えるよう取り組みました。土日や夜中も関係なく、電話に出るようにして、信頼を得るようにしました。

1年目は、友人や知人の好意で間借りしていましたが、2年目には独自に事務所を借りることができました。（ちなみに、事務所の契約日は、震災の起きた2011年3月11日でした）

運よくというか一人会社の強みというか、震災があっても、なんとか売上も利益も確保できる状態で事業を続けることができ、気がつくと会社設立をして2年以上、経過していました。

売上もあり、利益もあり、事務所も借り、サラリーマンをしているよりは給与もよく自由な環境で仕事をしていましたが、具体的な商品やサービスがないため、社員を雇うこともなく仲間のいない状態でした。

会社の設立や契約書作成、請求書の作成・管理、企画書作成、決算業務など初めて経験する業務が多く、あっという間に2年が過ぎました。

業務や売上が安定してきた3年目に入ったころ、改めて内籐さんから話がありました。「最近どう？　調子よくやってるみたいだけど、一人でやっていて楽しい？」「もうすぐ3年が経つけど、このままで良いの？」という話でした。

その話をきっかけに、このままで良いのか？　自分がなりたかった社長業とはこういうものだったのか？　と疑問が沸いてきました。

人を採用するということは、さらに売上と利益を上げなければなりません。

事業開始から2年ほど経過していましたが、一人会社でも家族を養っていくぐらいの売上・利益は確保できるようになっていたので、小さな安定感を得ていました。

一人でできる範囲で、少数の顧客を相手に付加価値の高いサービスを提供している自負があったのですが、よくよく考えてみると、ちょっと時給の高い外注社員のような立場で仕事をしているように思えてきました。

内籐さんから「どうせやるなら、大きな夢を実現させようよ！」と、はっぱをかけられたのですが、自分は、「大きな夢も憧れますが、売上よりも利益。利益＝付加価値のほうが、大事ですよね？」と、内籐さんに言い返したところ、

「売上は、顧客の支持。利益は、付加価値。売上が小さいということは、顧客の支持が少ないということで、事業としては不安定だよ。たくさんの顧客に支持される、付加価値の高い事業を創って行こうよ」という内籐さんの言葉に動かされ、今よりも多くの顧客に支持される事業を作ってみようと思うようになりました。

ＦＳＧに仲間入り

そうはいうものの、具体的な事業案があったわけではありません。

人脈経由で紹介していただくお客さまの要望に、その都度、応える何でも屋の私としてはアイデアがあるわけでもなく、まともに事業計画書すら書いたこともない状態。

「出前館」時代に、新規事業の立上げ経験はあったのですが、全くのゼロから、何かを生み出すという、まさに起業にあたる経験がない状態でした。

内藤さんとミーティングを重ねるうちに、ＦＳＧの事業と親和性の高いサービスを一緒に立上げてみよう！　という話になりました。

現在のファインドスターのメインクライアントは通販業界。今後も成長が見込まれる伸び盛りの通販業界は、経験者不足、人材不足という課題を抱えている業界。

通販業界に特化した人材採用支援サービスは、顧客課題の解決にもなり、非常に広がりのある事業ではないか、ということになりました。

「よかったらＦＳＧでやってみない？」という話をいただきました。

手元資金のかからないコンサル事業であり、一部でも出資を受け入れることに戸惑いを感じていたので、お見合い期間ということで、ファインドスター内に事務所を移し、半年間、グループ会社の社長が集まるグループ代表月例会議にオブザーバーとして参加させてもらいました。そこは、各社の代表が、月次のＰＬとＢＳを公開し、各社５分程度で、いまの状況を共有するというものでした。良くも悪くも、月次のＰＬとＢＳを見せるということは、すべてを見せるということなので、衝撃を受けましたが、一人企業で、売上や利益、給与や経費について、好き勝手に自由自在にしている自分にとっては、非常に良い監査になるのではないかと思いました。

グループ入りしてからも、グループ会社でのみ活用できる社内インフラがたくさんあり、会社運営のノウハウ、顧客情報、設備など、数え切れないほどの共有資産が多く、契約関連やシステム管理など、一社で運営していては非常に負担が大きく、後回しになってしまいそうな重要な業務についても、グループのルールに則して運営されているため、セイフティーネットとして機能している部分がたくさんありました。自分独りで事業を進めていくよりも、いろいろなノウハウが学べるな、と正直、思いました。

また、グループ理念や行動指針にも共感できることばかりで、自分を成長させるために、ＦＳＧの一員になることは、非常に有益だと思うようになりました。２０１３年7月に、ファインドスターーに34％の株を持ってもらい、社名も本社住所も決算時期も変更し、ＦＳＧ社外第一号の関連会社として、株式会社ニュースターとして改めて事業をスタートしました。

新社名の株式会社ニュースターには、株式会社arata（新しい価値）をファインドスターグループとともに作っていくという意味を込めています。

2020年までの目標と夢

まずは、ＥＣ通販業界に特化した人材系サービスを立上げ、事業化を目標に動き始めています。２０１４年4月1日に、正式に人材紹介免許も取得できました。ニュースターという社名にもあるように新しいものを生み出す会社でありたいと考えています。

社会に必要とされる事業やサービスを創り出し、新しい市場、新しい価値で顧客創造、顧客貢献することで社会に自らの価値を問いかけたい。

東京オリンピックが開催される２０２０年までに、10個以上の事業・サービスを創り出し、新しい会社を10社作るのが、今の私の目標です。

杉山拓也（スターガレージ代表取締役）

１９７５年生まれ。静岡県出身。東海大学生物工学科在学中に研究室で１９９０年代からインターネットを使って、企業との共同研究で植物工場の管理プログラム作りに関わる。１９９８年日立情報ネットワーク（現　日立情報システムズ）に入社し、２００１年にファインドスター入社。新規事業担当、マーケティングマネージャーを経て２０１２年12年、株式会社スターガレージ設立。

コネクティング・ザ・ドッツ

起業をして1年半が経過しました。おかげさまで株式会社スターガレージは紆余曲折ありながらもまだ存続、大手からの受注も入って売上げがどうにか立つようになってきました。

今もファインドスター在籍時も、目の前の業務で必死ですが、あらためて点をつなぐようにして記憶を辿ってみると、僕の起業してからの1年間はファインドスターの新規事業部で過ごした年月の集大成とも言えるものでした。これから起業を考えている人、起業に興味はあるが踏み切れない人にとって、少しでも参考になれば、と思って僕のわずかな経験をここでまとめてみようと思いました。

プログラムがお金になった日

小学生の時に友達がみんなファミコンを持っていたのですが、うちは自分でプログラムをしてゲームをつくるMSXというコンピュータを親が買い与えてくれました。僕は友達がみんな持っていたファミコンがどうしても欲しかったのですが、今ある環境で何とか楽しんでみようと、BASICという言語を勉強して文字を打ち出したり、円を描いたりして遊んでいました。プログラム画面に〝PRINT〟とかけば、指定した文字を表示する。プログラムは指示した事以外は実行しない。プログラムに一箇所でもエラーがあると動かないか、予想外の結果を返してくる。今考えると、当時していたことはプログラムだけでなくコンピュータの基本を学ぶのに最適でした。

大学では、入学直後から研究室に顔を出す変わり者でした。目当ては研究室のUNIXサーバ。黒く光る大きなマシンは、学内の光ファイバーに接続され、その先はインターネットの海です。専用線でインターネットに接続されたUNIXサーバをいつでも触れる環境を手に入れることに成功した僕は、本を読み漁ってUNIXのコマンドを覚えました。

アメリカの大学から読めもしない論文をダウンロードして大騒ぎしたり、ブラウザを通して文字や画像の情報、つまりウェブサイトにアクセスできるＷＷＷ（ワールドワイドウェッブ）に触れ「これはテレビを超える革命だ」と、興奮しました。この時期、僕はさらにＩＴの世界に没頭していきました。少し経つと、日本でもYahoo!JAPANが立ち上がり、ディレクトリで色んなウェブサイトが見られる環境が整いました。同時に、この時多くの人が考えたように、僕もインターネットがビジネスに使える可能性があることにも気づきました。

大学4年生になると、草津のまんじゅう屋や、軽井沢のペンションからホームページの制作を請け負って収入にしていました。当時はホームページを作ってディレクトリサービスに登録すれば、インターネットを使い始めたユーザーから少しずつですが宿泊の予約が入った時代でした。1サイトつくるごとに10万単位のお金が入ってくるのは、夢のようなアルバイトでした。

研究室では教授に連れられて企業に行って共同研究に参加させてもらうことで、学部生ながら大学から給料をもらい卒業研究をしていました。毎月、月末になると学務課に行きます。そこでサインをして、その月の給料をもらうのです。給料をもらいながら卒業研究をしているのは、同級生の中でも僕だけでした。

インターネットの世界は知識と技術、それからそれをお金につなげられる知恵があれば稼げる、と実感し始めたのがこの頃です。まだ、ビジネスモデルという言葉も知らない時代でした。

ビリからMVPになった日

新卒で日立情報ネットワークに入社しました。同期60人がほぼ全てSEに配属されるなか、僕は営業を希望しました。大学時代に自分でホームページ制作で稼いだり、企業との共同研究で給料をもらったりしていたので、「技術があってお金を引っ張ってくる営業力があれば、インターネットの世界で稼げる」と考えていました。就職が決まって早々でしたが、営業力さえつけば起業して自分で稼ぐことだって出来る、という考えも徐々に出てきました。

同期は全員理系だったからか、営業希望者はたった2人。新入社員朝礼でずらっと並んで座った僕ら新入社員に人事の担当者が、「まず希望者が少ないであろう営業を希望する者は?」とたずねたので、僕は元気よく「はい!」と手を上げました。このとき、周囲がざわざわしました。ここでも僕は変わり者だったようです。広き門に少ない希望者、僕の申し出はすんなり受け入れられました。

晴れて営業となったのですが、現実はそう甘くありませんでした。電話営業でのアポイント率は同期に遠く及ばず、お酒が飲めないので夜の付き合いも苦手。僕の営業マンとしてのスタートは、同期の中でビリという結果でした。今思えば毎晩無駄に残業して、必死に仕事をしているアピールをしていた日々でした。でも、そうでもしなければやっていられないくらい、プライドは粉々に打ち砕かれていました。大学時代には技術力を元にあんなに簡単にホームページが受注できていたのに。

どうやったら営業力のない僕でも売れるようになるのだろう？　必死に考えた末、販売代理店をひたすら作りまくることを考えつきました。売れる仕組み、というほどではないのですが、僕が一人で売るよりも何倍も売ってくれるパートナーを得て一気に販売を増やし、倍々で売上げをのばそうと考えたのです。当時はまだ流通業がメインだったソフトバンクさんを販路に出来たこともあって営業成績は一気に伸びました。

気付けば、入社以来2年連続で営業ＭＶＰにあたる営業社長賞という栄誉を頂くことができました。

大手で3年の経験を積み実績も出てきた頃、ふと「自分から日立の看板を外したらどこまでやっていけるんだろう?」と思うようになりました。営業の感覚はつかめていたけれど、それはあくまで手厚いSEのサポートと日立の看板があってこそ。〝石の上にも三年〟はクリアしたし、日立では数千人単位のリストラという話もあるし、若いうちに自分で食べていける力を養わなければいけない、と思ってベンチャーへの転職に踏み切りました。

2001年3月にファインドスターに入社しました。当時、ファインドスターの社員は10人くらい、あと契約社員のWEBデザイナーが数名という規模でした。転職時の面接で代表の内藤から「何するのが好き?」と聞かれて「お金儲けです」と答えたのを覚えています。

夜7時から始まった面接が終わったのは9時半過ぎ。2時間半という長い長い面接時間でしたが、内藤と話が合ったためか、あっという間に感じました。とにかく話が合うな、と。将来は起業を、と考えている僕にとって、内藤と一緒に仕事が出来ることは大きな資産になるのではないか？　と考え、業務内容や会社の雰囲気などはさておき、内藤の考え方と人がらにひかれて、一緒に働く事を決めました。

帰り際に「二次面接はいつにする？　入社の手続きをするだけだけど」と言われて、ベンチャーは随分話が早いな、と思いました。

譲らなかった社長のカバン持ち

ファインドスターで印象に残っている、というかこれだけは人に譲らなかったのは、内藤のカバン持ち的な仕事でした。

会社が成長していくにつれ、内藤が経営者の集まりや、イベントなどで講演する機会が増えていき、多いと月3回とか4回も講演するようになっていきました。その時のプレゼン用スライドを僕が作っていました。

創業から僕が入社した時期、さらにはファインドスターのメンバーが100人を超えるような規模になるまでをスライドでまとめるのが非常に楽しかったです。スライドは講演のたびに内藤から「ここをこう変更しておいて」とか「この言い方がちょっと違うから変えておいて」とか細かな修正が入るのです。

それはまるで、社員として働く僕の目線で作ったスライドと、内藤が社長として語る講演のズレを少しずつ埋めていくような作業でした。

最終的には、僕も講演に同行するようになっていました。内藤が話すのに合わせて「Enter」キーを押すだけなのですが、自社の経営について話をする内藤を間近でみながら、もう一方で客席に座る経営者の反応が、講演や会議の種類によって違うことに気づきました。

当時はリーマンショックなどもあって、景気が悪いと言われていた時期だったのですが（ものすごく生意気ないい方をすると）、２タイプの経営者がいるな、ということに気づいたのです。

〝景気のせい、市場のせい、商品のせい、社員のせい〟にする社長さんと、〝不景気こそチャンス、ピンチこそチャンス〟と考える社長さんでした。

質疑応答の時間になると、面白いように反応が分かれていました。

「御社は上手くいったかもしれないが、うちの業界は今は縮小傾向だからどうしたものか」

「御社のような社員が集まってくれればいいのだが・・・」

「景気が悪いから、うちは今は耐えるしかない」

この時期、質疑応答や講演の感想にはこうした後ろ向きな意見が多くを占めたように思います。

それでも、中には「不況とはいうけれどもうちはその中からチャンスを見出して成長しています」という社長さんもいらっしゃいます。

内藤は完全に後者にあたるので、そういう社長とは馬が合うようでした。経営者とか社長、と一言で言ってもいろんな人がいるのだな、と思って、また次回の講演も行こう、と勝手に思っていました。

そんなわけで最後には、土日でも内藤のカバン持ちとしてよろこんで出て行くほどになっていました。この仕事は、退職して起業するまで誰にも譲りませんでした。

後日談ですが、起業後にある人からこんな話を聞きました。

「ファインドスターの杉山くんが起業したそうだよ、と言うよりも、内藤さんのカバン持ちの杉山くんが独立したって、と言った方が色んな人に話が通じるんだよね」と。

それくらい、どうやら僕は業界内外にカバン持ちとして浸透していたようです。

いい人をやめて赤字事業の立て直し

２００８年、内藤から部署異動を伝えられました。

「来週からメディアの立て直しに異動ね」

給湯室で来客用の湯のみ茶碗を洗っている時に、後ろから声をかけられたのを今でもはっきり覚えています。手についた泡を流す暇もなく「あっ、はい」とだけ返すのが精一杯でした。


当時ニッチメディアニュースという万年赤字のニュースメディアがありました。ネット上にマーケティングのニュースやコラムを掲載したり、名刺交換をした方にマーケティング情報をまとめたメルマガを送る、というメディアでしたが、広告収入もほとんどなく、逆に「メルマガを送るのを止めてくれ」という問合せがひっきりなしに入ってきている状況でした。

メディア事業の立て直し、ということは少なくとも黒字化をしなければなりません。しかし、当時このメディアが黒字化すると思っている人は社内で誰もいなかったと思います。

「さて、どうしたものか・・・」

事業を任された僕が最初にとりかかったのが、出血、つまりお金の流出を止めることでした。ニッチメディアニュースは営業スタッフのほか、フリーランスのライター1名、デザイナー2名の所帯でした。営業は自分でやるとして、フリーランスのライターさんとの契約はその月で終了して、記事のライティングも僕が担当し、デザイナー2名には部署異動をしてもらうことを決めました。

出血を止める、とカッコよく言ったのですが、要は、事業部を僕一人まで絞り込んで立て直しを図る、ということでした。当然ですが、ライターさんとの契約も、デザイナーの部署異動もすぐには上手く調整がつきません。一方的に部署異動を伝えられたデザイナーと、受け入れ先となる周辺の部署からは強い反発にあいました。

そんな中、内藤のこの一言が僕の意識を変えました。

「杉山はいい人に思われたいんだよ。事業ではそういういい人は、悪い人なんだ」

そうか、と思いました。僕は自分がいい人と思われたいばかりに赤字を垂れ流して、危うく事業を潰して事業部を解散させるところでした。果たしてどちらが不幸だろうか？　事業部が解散となれば、スタッフはその時点で仕事を失います。一方で余力のある今のうちに部署を異動しておけば、彼らは今後も活躍する場が出来る。

信念というほどのものではありませんが、翌日から気持ちを入替えて関係各方面との調整に入り、見事に全員の異動を完了させました。このとき、少しばかり自分の心のなかに「僕がつくった赤字じゃないのに・・・」という後ろ向きな気持ちがあったことにも気づきました。この後ろ向きの気持ちが、僕自身の行動のさまたげになっていた事にも気づいたのです。同時に、これまで貢献してくれたスタッフを異動させたのだから、過去の赤字を含めて全責任を今後自分が背負っていく、という覚悟が出来ました。

メディアの名前もニッチメディアニュースから、広告代理店の部長クラスが毎日読んでくれるメディアを目指したいという理由で〝広告ニュース〟というダイレクトな名前に変更。編集方針も、〝広告業界の情報の流れを加速させることで、業界の変化と活性化を加速させる〟という、より絞り込んだものに変更。僕の署名付きで、メディア上に大々的に掲載する、など編集長としての覚悟を固めることも出来ました。

クラウド編集部、始動

編集部のスリム化をはかったところで、次は質の高いニュースの量産体制を整えることにしました。と言っても、またライターさんを大量に雇うとかそういうことではありません。

当時、クラウドワーキングという言葉が出始めた頃でした。在宅ワーカーさんと手を組んで、彼らの空いた時間に仕事をしてもらうことで、在宅ワーカー側にはそれまでなかった収入が、発注側はコストを抑えて仕事がお願いできるという仕組みです。

僕は早速、この体制を整えることにしました。大手ネットメディアで記者をされている方や、今は子育てに専念されている元有名雑誌の編集者などが集まってくれました。さらには、アメリカ、インド、シンガポール、イギリスなど各国にいる日本人ともつながることができ、海外の情報もリアルタイムで入ってくる体制が整ったのです。

会社のデスクには僕と、編集アシスタントの2名。もしかしたら、寂しい編集部に見えたかもしれません。しかしネットの世界では総勢8名という編集部が出来上がりました。これによってニュースの編集体制も充実して、毎日大量のニュースを素早く発信する素地が整いました。

クラウド編集部のメリットはそれだけにとどまりません。時差は気にする必要がありましたが、メールやチャットシステムでちょっとした無駄話や、その日のトピックなどを会話して、記事やコラムのネタにしていました。

「インドでは多くの人がクレジットカードを持てないので、その代わりとしてスマホの決済システムがかなり整備されてるんですよ」

「そうなんですか？でもスマホって高そうですけど・・・」

「いいえ、Google の Android のおかげで安価なスマホが出てきています」

「へぇ～。日本と随分違うんですね」

世界各国の今の状況がつかめるだけでなく、これまで一人で孤独だった仕事に張りが出てきました。やはり、仲間とは大事だな、と感じました。

ホリエモン砲、炸裂事件

スタートから困難続きだった事業の立て直しですが、幸いだったのは、内藤が全力で応援してくれたことでした。席も内藤の目の前に移動。週に2日はランチを兼ねたミーティング。事業での権限も大幅に移譲してもらうことができました。

社長である内藤から商売の基本を叩き込まれるだけでなく、ニュースの編集方針についても次々とアイデアをもらう事ができました。例えば、発表される広告代理店の決算短信をどこよりも早く、しかも業績を分かりやすく噛み砕いてまとめて、発信した記事が大ヒットしました。当時僕には上場企業の決算短信を読む習慣はありませんでしたが、内藤は毎日のように各社の業績を細かくチェックしていたのです。このアイデアが原動力となり、1年でアクセス数は約10倍、業界内で注目を集めることになり、広告関連企業各社から次々とプレスリリースが入ってくる人気メディアになりました。

中でも「日経、初の赤字」というニュースはホリエモンのTwitterでリツイートされたほか、内藤考案の「広告業界人が読むブログTOP10」という読者を対象としたアンケートを元にした記事はサイバーエージェント藤田社長のブログでも紹介され、瞬間的にサーバがパンクしかねないアクセスを記録しました。

この頃は、とにかく毎日編集方針に従ってニュースを書き続ける事、読者に楽しんでもらえるニュースネタを追い続ける事に没頭していた時期でした。読者が毎日必ず読むメディアになれば、広告価値も高まる。それも、広告ニュースの読者は広告代理店の部長クラスという、非常に分かりやすい読者像を持っています。

実際に、ニッチメディアニュース時代には3万円だったメルマガ内広告も、広告ニュース時代になると30万円の値がつきました。しかもそれだけの広告費を支払っても、広告主からは「効果があるからリピートしたい」と注文が入るほど、広告価値も高まりました。

情熱！　オフライン・ミーティング

広告ニュース事業は黒字化まではあと一歩。そのためには2本目の収益の柱が必要でした。

インターネットのビジネスモデルは広告・課金・コマースの3つ、と言われています。考えたのは、広告ニュースを集客メディアにした有料講座の開講でした。

既に講演企業をスポンサーにした無料セミナーでは、メルマガで1回告知すれば100名~200名が集まることが分かっていました。今度は反対に来場者にお金を支払っていただく有料セミナーができれば、新たな収益源になる、と考えたのです。

また、価値あるセミナーを読者に届けることは、広告ニュースの編集方針〝広告業界の情報の流れを加速させることで、業界の変化と活性化を加速させる〟を実現する最適な方法の一つでした。取材でいろいろな広告代理店や媒体社を回っていると、売上げ減少に悩んでいる会社がある一方で、秀逸なビジネスモデルを持っていて不況期でも業績を維持していたり、逆に伸ばしているところもあって、同じ広告業界といっても企業によって随分と持っているノウハウに違いがあり、その情報は共有されていない、ということが分かっていました。

例えば、秀逸なメディアを持った媒体社に講師になってもらい、広告代理店に広く知ってもらえれば、来場者である広告代理店は優れた売り物を手に入れて売上げを伸ばせる。当然、媒体社はさらに売上げを伸ばせることになります。広告ニュースは場所を提供する代わりに、来場者から参加費を得る。まさに三方良しのビジネスモデルでした。

このビジネスモデルが実現すれば、広告と課金（会員からの収入）の2本柱が出来て事業が安定します。

結果は成功。この頃になると広告ニュースには熱心な読者がかなりの数ついてくれており、セミナーを有料化しても人が集まってくれました。

象徴的だったのは第1回セミナーでした。出版業界が不況にあえぐなかで好調を維持していたエイ出版さんにお話いただけることになって、懇親会付き5千円というセミナーを企画したんですが、広告ニュースのメールマガジンで開催のお知らせをしたら、即満席になってしまいました。

当日も大盛り上がり。まるでネットコミュニティのオフライン・ミーティングのような状態でした。

セミナー後の懇親会で開始挨拶をさせて頂いたのですが、「広告業界の情報流通を加速させて、広告業界に貢献したい」と言ったところ、会場からたくさんの賛同の拍手を頂き、会場の参加者からも「広告業界をよりよくかえていこう！」という声があがり、こちらが逆に感動してしまいました。

参加者の熱意に突き動かされるように、次々に有料セミナーを企画、規模も30人からはじまり50人、１００人、そして時間も1時間セミナーから最終的には丸一日のフォーラムまで規模を拡大させていきました。もう、毎日が楽しくて仕方ない時期でした。

取材をして、ニュースを書いて、そのニュースを編集してメルマガを配信、企画したセミナーへメルマガで集客をして、会場準備から受付、そして司会、懇親会幹事から参加者へのお礼のメールまで・・・究極の一人垂直統合型ビジネスといったところでしょうか。

セミナー来場者からは「杉山さんという方が一人で全部やっている、と聞いて会いにきました」と言われるくらい、徹底的に効率化されたメディア運営をしていました。

あまりに仕事に没頭しすぎて、つい無理をして入院してしまった事がありました。人生初の入院です。そんなときも主治医に「明日退院させてください。どうしても仕事がしたいんです」と掛け合ったほど、僕は広告ニュースという事業に夢中になっていました。

事業撤退　2つの落とし穴

順調に成長した広告ニュースは、次の成長フェーズに移るべく、事業譲渡をしました。理由の一つは一人垂直統合型ビジネスでは拡大に限界があること。もう1つは広告業界を襲った深刻な不況で、各社がセミナー参加費を経費で落とせなくなったためでした。メディアカタログチーム（現スタートライズ社）に事業譲渡をして、広告ニュースは今も運営されています。

広告ニュース事業を無事譲渡した後、幸いにしてまた新規事業でお声がかかりました。話を聞くと、次は広告枠を交換しあうバーター広告というサービスが社内の新規事業コンテストを通過し、最終審査に残って、営業テストの段階でなかなかの評判とのこと。

バーター広告とは、通販会社がお互いのカタログなどにチラシを同梱して、相互に顧客を紹介しあい、その手数料をファインドスターがもらうというモデルでした。

この新規事業責任者をやらないか、というお誘いが舞い込んできたのです。しかも、一人事業だった広告ニュースと違い、豪華にメンバー3人からのスタートです。事業の運営とともに、今回はメンバーのマネジメント、という経験ができると考えてお受けしました。

「お客さんが発注すると言っていました」という声が、プレ営業をしていたメンバーから多数あがっていたため、事業として脈あり、として無事に審査を通過し、事業化となったのですが、これが大きな落とし穴でした。

いざ事業がスタートするとプレ営業で「発注する」と言っていた顧客の言葉が一転。「予算がない」「半年後に検討したい」「実績が出来たらまた来て」・・・。なんとプレ営業では、注文書はとらずに、ただ単に顧客にアイデアを話してその反応を伺っていただけだったのです。スタートアップ本で目にする、典型的な失敗でした。

メンバー全員が「そんなはずはない」という日々が続きました。彼らは事業そのものの企画段階から関わり、プレ営業では顧客が目の前で「いいね！」と言っているのを聞いています。その体験が忘れられないのです。この「そんなはずはない」が第二の落とし穴でした。

僕が事業部メンバーにビジネスモデルの転換を提案しても、事前提案では評判が非常によかったから、時期が来れば売上げが立つはずだ、と、誰一人として納得する人はいませんでした。メンバーに考えを納得してもらえない、僕のリーダーシップも足りなかったと言わざるを得ません。当然、顧客が都合よく発注してくれる時期など、待てど暮らせど来る事はありません。そうこうしているうちに、事業部の赤字はどんどん膨らんでいきました。

それでも、事業責任者である以上はこのまま無駄に人件費だけをかけて赤字を垂れ流すわけにはいきません。メンバーには発破をかけて営業に回ってもらい、僕自身も営業を回りながら事業をどの方向に転換すればいいのか？　を模索する日々が続きました。

そしてやっと初受注。立ちあげから3ヶ月目、待ちに待った受注にチームは沸きました。一つ受注が取れると、弾みがついたように受注が舞い込みます。しかし、僕は夜中に一人で電卓を叩きながら絶望的な答えを出しました。どこからどう計算しても、この事業では3人の社員が食べていけるだけの利益が出ないのです。それこそ、天文学的な広告枠を交換してもらわない限り、ファインドスターのもらう僅かな広告手数料収入では、一人分の人件費が出るかどうかという事業規模でした。

数字は全てを物語ります。気合と根性で、あるいはどんな熱い情熱を持ってしてでも、天文学的な広告枠を交換してもらうだけの案件を受注するのは出来ることではありません。僕はある晩、内藤に試算とともに事業撤退の意思を伝えました。

翌日の朝礼で、メンバーにも事業撤退を伝えました。メンバーからは「まだいける」「どうして」「事業部長なのにあきらめるのか」と言われました。しかし、僕の意思を決めるまでもなく、数字は全てを物語っていました。その日一日は、メンバー全員を説得するためではなく、話を聴くために一日中会議室で時間をつくりました。

この日に僕は、自分の考えをメンバーに伝えたつもりできちんと伝わっていなかったこと、それどころか基本的な信頼関係も結べていなかったことを思い知らされました。メンバーは、そもそも僕が何を考えていたのか分からなかった中で、必死に頑張ってくれていたのでした。

起業へ

事業撤退の後、マーケティング部に異動、マーケティングマネージャーとして仕事をしていたのですが、元来０（ゼロ）から１（イチ）を創り出すのが好きな性格だったのか、どうしても新規事業に関わりたくて仕方がありませんでした。

ついウズウズして仕事が終わった後や週末に、起業イベントやスタートアップの集まりに顔を出したりして、今どんなビジネスが注目されているのか？　これからどんなビジネスが注目に値するのか？　組める仲間はいるのか？　を探っていました。そこで目の当たりにしたのが、「起業したい」とはいうものの、一向に踏み切れないまま何年も経っている人が思った以上に多かったという事実でした。

「僕もそうだ・・・」

元々、起業志望ではあったのですが、ファインドスターでのエキサイティングな時間を過ごすうちに37歳になってしまいました。さすがにもう起業しないと、という気持ちもあって、社内で起業宣言をしました。

珍しい事なのかもしれませんが、ファンドスターには起業を宣言できる文化と、それを応援する風土があります。宣言をすることで、後には引けなくなるというメリットも・・・。

家族に対しても、時間をかけて自分が起業したいという想いを伝えていきました。ずっと、起業したい、と言っていたおかげか、あるいは苦労をかけすぎてあきらめられてしまったのか、妻はすぐに理解をしてくれました。とはいえ、ぼくは起業までの1年間、出来る限り家族と過ごす時間をつくりました。そこでも、出来る限り自分の起業への想いを伝えるように努めました。

非常に助かったのが、起業宣言をしたあとに内藤がいろいろな方を紹介してくれた事でした。その中に、共同創業する壷井さんがいました。内藤から聞くには、何か事業プランを持っているとのこと。ある晩、3人で飲むことになり、そこでアプリのマーケティングがいかに大変か、またアプリストア内の検索対策がダウンロード増加に有効であることを聞きました。ＡＳＯ（アプリストア・サーチ・オプティマイゼーション＝アプリストア内検索最適化）について聞いた時にピンと来ました。

広告ニュース時代に作った広報ネットワークの中で、アプリ分野の方が最も苦労していたのを僕は近くで見ていたのです。どのアプリもリリース直後に一時的にダウンロード数は増加しますが、その後は下降線をたどります。アプリストアで公開はしているもののほぼダウンロードの無い〝ゾンビアプリ〟が5割を超える、という話も耳にしていました。

ビジネスモデルだけでなく、〝旅の仲間〟つまり起業のパートナーとしての壷井さんにも魅力を感じました。壷井さんはＮＴＴからソニーを渡り歩いてきた、僕よりも

10歳年上のベテランです。様々な起業家の先輩から「いかに自分よりも能力の高い仲間をみつけられるか？　が起業家としての力だ」と聞いていたので、もし協力してもらえれば、心強いと思ったのです。

話し込むうちに最終的に僕と壷井さんは、それぞれ資金を出して会社を作ることになりました。株式の過半と社長は僕が受け持ちます。今や僕の師匠となった内藤にも一部、株式を持ってもらうことにしました。逆に、ＦＳＧではない道を選ぶことも決めました。事業規模を大きくするにつれ、ＶＣ（ベンチャーキャピタル）からの出資も得ていきたい、と考えたからです。

核となるＡＳＯの順位を調べるツールの開発は、壷井さんの紹介で、天才プログラマーの上田さんが開発してくれることに。壷井さんをＣＦＯ、上田さんをＣＴＯとして、３名体制が出来上がりました。２０１２年12月27日、クリスマスが終わり年末に向かう神保町を通り、東京法務局に株式会社スターガレージの法人登記をしました。

社名のスターは、お世話になったファインドスターから。ガレージは、AppleやAmazonなど幾多の世界的企業がスタートしたと言われている車庫（ガレージ）からとりました。

いいね！　の言葉よりも注文書

幸か不幸か、ファインドスター時代に味わった事業撤退経験もあり、僕はＡＳＯのビジネスをまずは小さくスタートして、注文がとれるかどうか？　をテストすることに決めていました。どんなに「いける！」と思っているサービスでも、お客さんがお金を払わなければ成り立ちません。

バーター広告のとき、プレ営業でどれだけお客さんから「いいね！」と言われても、いざ注文書を出すと1件もとれなかった二の舞いだけは避けたいところ。

創業早々、アプリ開発会社に飛び込んでは提案をはじめました。結果はまずまず。

最初は3万円の値段で受注できることを確認。
「これなら行ける」
小さな初受注でしたが、客さんの印鑑が押された注文書を握りしめて、壷井さんとともに喜びました。そこから適正価格を知るために価格弾力テストをしていきました。現場を重視して、2ヶ月で128人の顧客に会い、徹底的に課題とニーズを聞いて最終的に何社かから注文の印鑑をもらうことで、最終的にASOサービスの価格は1アプリ毎月20万円に落ち着きました。

この徹底した現場主義はASOシステムローンチ後も続き、価格決定後はさらにペースを上げて3週間で234人のアプリ開発者やマーケティング担当者と合って話をしました。サービスの良し悪し、実際にビジネスとして成り立つかどうか? は、どれだけ会議室で会話を重ねても仕方ありません。とにかく困っている当事者に会うこと。

自分たちのサービスが〝あったらいいな〟のサプリメントなのか、〝今すぐなくてはならない〟鎮痛剤なのかを見極める必要がありました。サプリメントはお金を出して買わないかもしれませんが、痛くてどうしようもないときなら鎮痛剤は多少値が張っても買ってくれるはずです。

実際、ASOのサービスは売れる時には1回目の訪問で契約が決まりました。「いいサービスなので、是非検討します」と言われた案件はほぼ決まらない。あらゆるアプリ開発者やマーケティング担当者に会ったことで、誰がすぐに注文を出してくれるのか？　どの部分にメリットを感じてくれるのか？　も明確に分かりました。量が質に転換した瞬間でした。

歓喜と絶望の中の成長

僕は決してサラリーマンだから成長できないとか、起業したから成長できるとかは思っていません。ただ、逆境の中に身を置いておくことで確実に人生のサバイバル能力が身につくだけだと思っています。ここまで読んでいただいてお分かりの通り、0

（ゼロ）から1（イチ）を生み出すとき、まるでジェットコースターのように歓喜と絶望が押し寄せてきます。この人生の波こそ、成長できる糧だと思っています。

〝もし〟、僕が新規事業部で次の事業に参画していたら、起業をしていなかったかもしれません。しかし人生に〝もし〟はありません。今、起業して、社内新規事業をはるかに上回る歓喜と絶望の波を味わっています。

決まりかけていた大型の受注を逃してしまい、見込んでいた売上げが立たずに途方に暮れた日もありました。一方で、創業したてでまだこれから、という段階でもスターガレージのビジネスモデルに着目いただき、日本マイクロソフトさんからサーバを提供頂いたり、Mac 関連雑誌では最も有名な MacFan さんから執筆のご依頼を頂いたりするなど、飛び上がって喜ぶような出来事も数多くありました。

この本を手にとった今、あなたは多少でも起業に対して興味を持っていると思います。もしかしたら、お金ができてから、スキルがついてから、家族が理解してくれてから、準備が整ってから・・・と思っているかもしれません。そう思っているうちは起業できないものです。

準備が整うとは、スキルがつくとは、一体どういう状態でしょうか。僕らはいつだって成長途上です。何の心配もなくなるくらい、お金に余裕が出来たことがいままであったでしょうか。

サムライインキュベートの榊原健太郎さんは「できるかできないかではなく、やるかやらないかで世界を変える」と言って、数多くのスタートアップに出資、支援をしています。松下幸之助氏も、「経営とは、決断の連続」と言っています。僕も、起業は〝できるかできないか〟ではなく、〝やるかやらないか〟の決断ができるかどうかだと思っています。

後悔のない、決断をしましょう。もし、起業したら是非声をかけてください。

おわりに

この本を書くきっかけをつくってくださった、通販会社の渡辺鉄夫さん、出版プロデューサーの山中伊知郎さん、またこの本の執筆を快く引き受けてくれたグループ会社代表の渡邊敦彦、佐竹正臣、清水宏、上ノ山慎哉、寺田勝人（グループでの起業順）、またグループ出身の杉山拓也の面々には、休日返上での執筆本当にありがとうございました。

この本のカバーデザイン・コピーをしてくれたファインドスターのデザイナー熊谷ならびにクリエイティブチームの皆さんのおかげで素敵な本ができました。本当にありがとうございました。

その他にも本を読んでいただいた方はおわかりのように、本当にたくさんの人にささえられて今があります。

この場で熱くお礼申し上げます。

最後にＦＳＧにかかわるお客様、取引先、パートナーならびに一緒に働いてもらってるメンバー、休日の執筆に快く⁉　協力してくれた家族に感謝します。

文中にリクルート人材センターの新人時代の写真を掲載させていただきました。当時の上司の小林光夫さんが一緒に写っています。

小林さんとは会社を辞めた後も、節目節目でお会いしてきました。

偶然、取引先にもいらっしゃり一緒に仕事もさせていただきました。

本当にたくさんのことを教えてもらいました。

亡き小林光夫さんに、この本を捧げたいと思います。

２０１４年5月

内藤真一郎

ファインドスターグループ物語
世界で一番起業家と
ベンチャー企業を創出する。

2014年5月25日 第1刷発行
2014年7月10日 第2刷発行

著者◆内藤真一郎+ファインドスターグループ代表
発　行◆(株)山中企画
〒114-0024 東京都北区西ヶ原3-41-11
TEL03-6903-6381　FAX03-6903-6382
発売元・(株)星雲社
〒112-0012 東京都文京区大塚3-21-10
TEL03-3947-1021　FAX03-3947-1617

印刷所◆シナノ印刷
※定価はカバーに表示してあります。

ISBN978-4-434-19233-3 C0095